JN240742

フィリピンの
ビジネス法務

実務担当者のためのガイドブック

森・濱田松本法律事務所
園田観希央・井上淳 編著

商事法務

はじめに

　本書は、フィリピンへの進出を検討している日系企業や、既にフィリピンにおいてビジネスを展開している日系企業の皆様に向けて、フィリピンでのビジネスに関係する法令の基本的な内容と実務上の論点を紹介することを目的とするものである。

　フィリピンは、ASEAN 諸国の中でもっとも日本から近い国であり、近年は、1 億人を超えてさらに増加が見込まれる人口、ASEAN 諸国の中でも高い経済成長率、日比間の良好な関係等を背景に、フィリピンに対する日系企業の関心が高まっている。このような中、フィリピンのビジネス関係法令に目を向けると、ここ 10 年の間に、会社法の大改正、競争法やデータプライバシー法の施行、外資規制の一部緩和など重要な法整備が進んでいる。しかしながら、実際のビジネスの現場においては、法令の全体像を把握することが困難であったり、法令の解釈が不透明であるなど、フィリピンのビジネス関係法令の理解に困難を感じる日系企業の担当者の声も少なくない。執筆者らは、これまで日系企業のフィリピンにおける具体的な案件、セミナー、執筆等を通じて知識・経験を蓄積してきている。本書は、これらの知識・経験に基づいて実際のビジネスの現場における一定の実務的指針を示すことを企図して作成したものである。

　本書の作成にあたっては、フィリピンの法律事務所である Tayag Ngochua & Chu, a member firm of Mori Hamada & Matsumoto の全面的な協力を得ている。これらに加え、本書の基礎には、執筆者らが知識・経験を蓄積させるために具体的な案件という貴重な機会を与えていただいた依頼者の皆様からのご示唆、ご質問等がある。ここに皆様に対して感謝を申し上げたい。

もっとも、本書の内容についての責任は、個々の執筆者が負うものであり、執筆者らが所属するいかなる団体の見解を拘束ないし制約するものではない。

　なお、執筆者らが所属する森・濱田松本法律事務所は、2024年2月より、Tayag Ngochua & Chu, a member firm of Mori Hamada & Matsumoto と戦略的な提携を開始している。より強化した体制で日系企業のフィリピン案件をサポートするとともに、具体的な案件以外の様々な場面でも日系企業のお役に立てるよう努めたい。本書が、日系企業のフィリピンでのビジネスに少しでも貢献することがあれば望外の喜びである。

　最後に、本書の執筆にあたって多大なるご協力を頂いた商事法務の浅沼亨氏及び池田知弘氏に感謝を申し上げたい。

2024年9月

編著者　弁護士　園田　観希央

弁護士　井上　淳

［凡例］

■　法令等の内容

- 本書は、特に記述のない限り、2024 年 6 月 30 日現在の内容に基づく。
- 法令は、改正法の法律番号を記載していない場合であっても、2024 年 6 月 30 日までの改正法の内容を含む。

■　組織・法令・用語等の略称

- 正式名称のほか、以下の略称を用いる。
- 組織名の略称

［日本語名］	［正式名称］
科学技術省	Department of Science and Technology
競争委員会（PCC）	Philippine Competition Commission
経済区庁（PEZA）	Philippine Economic Zone Authority
建設業免許委員会（PCAB）	Philippine Contractors Accreditation Board
高等裁判所	Court of Appeals
国家経済開発庁（NEDA）	National Economic and Development Authority
国家プライバシー委員会（NPC）	National Privacy Commission
最高裁判所	Supreme Court
司法省（DOJ）	Department of Justice
証券取引委員会（SEC）	Securities and Exchange Commission
情報通信技術省	Department of Information and Communication Technology
知的財産庁（IPOPHL）	Intellectual Property Office of the Philippines

中央銀行（BSP）	Bangko Sentral ng Pilipinas
統計庁	Philippine Statistics Authority
投資委員会（BOI）	Board of Investments
土地登記局	Land Registration Authority
内国歳入庁（BIR）	Bureau of Internal Revenue
貿易産業省（DTI）	Department of Trade and Industry
労働雇用省（DOLE）	Department of Labor and Employment

● 法令名の略称

［日本語名］	［英語名］
アンチ・ダミー法	An Act to Punish Acts of Evasion of the Laws on the Nationalization of Certain Rights, Franchises or Privilege, Commonwealth Act No. 108
イノベーティブ・スタートアップ法	Innovative Startup Act, Republic Act No. 11337
インターネット取引法	Internet Transactions Act of 2023, Republic Act No. 11967
インターネット取引法施行細則	Implementing Rules and Regulations of the Internet Transactions Act of 2023
汚職防止法	Anti Graft and Corrupt Practices Act, Republic Act No. 3019
外国投資家リース法	Investor's Lease Act, Republic Act No. 7652
外国投資法	Foreign Investment Act of 19911, Republic Act No. 7042
外国投資法施行細則	Implementing Rules and Regulations of Republic Act No. 11647 or an Act

	Promoting Foreign Investments, amending thereby Republic Act No.7042
改正会社法（RCC）	Revised Corporation Code of the Philippines, Republic Act No. 11232
改正刑法	Revised Penal Code, ACT No. 3815
企業結合届出規則	PCC Rules on Merger Procedure
競争法	Philippine Competition Act, Republic Act No. 10667
競争法施行細則	Implementing Rules and Regulations of Republic Act No. 10667
現行憲法	1987 Constitution of the Republic of the Philippines
公共サービス法	Public Service Act, Commonwealth Act No. 146
公共サービス法施行細則	Implementing Rules and Regulations (IRR) of Republic Act (R. A.) No. 11659
公務員倫理規範	Code of Conduct and Ethical Standards for Public Officials and Employees, Republic Act No. 6713
小売事業自由化法	Retail Trade Liberalization Act of 2000, Republic Act No. 9762
小売事業自由化法施行細則	Rules and Regulations Implementing Republic Act No. 8762
コンドミニアム法	The Condominium Act, Republic Act No. 4726
再生・倒産法（FRIA）	Financial Rehabilitation and Insolvency Act (FRIA) of 2010, Republic Act No.10142

資産登記令	Property Registration Decree, Presidential Decree No. 1529
証券規制法	Securities Regulation Code, Republic Act No. 8799
清算・支払停止手続規則（FLSP）	Financial Liquidation and Suspension of Payments Rules of Procedure for Insolvent Debtors
知的財産法	Intellectual Property Code of the Philippines, Republic Act No.8293
データプライバシー法	Data Privacy Act of 2012, Republic Act No. 10173
データプライバシー法施行細則	Implementing Rules and Regulations of the Data Privacy Act of 2012
バルクセールス法	The Bulk Sales Law, Act No. 3952
PCC 手続規則	Rules of Procedure of the Philippine Competition Commission
1997 年民事手続規則	1997 Rules of Civil Procedure, as amended
民法	Civil Code of the Philippines, Republic Act No. 386.
労働法	Labor Code of the Philippines, Presidential Decree No. 442
2004 年裁判外紛争解決法	Alternative Dispute Resolution Act of 2004, Republic Act No.9285
2015 証券規制法施行細則	2015 Implementing Rules and Regulations of the Securities Regulation Code

目　次

第5章　会社法　　　　　　　　　　　　　　69

第6章　不動産法制　　　　　　　　　93

第12章　撤退　　　　　　　　　　　　　　　　　　　231

第1章
フィリピン法の概要

Chapter 1

I. はじめに

　フィリピン共和国（Republic of the Philippines）は、7,000 を超える島からなる島嶼国家であり、国土面積は日本の約 8 割である。2023 年時点で人口は約 1 億 1,700 万人、年齢の中央値は 25 歳であり、2050 年には人口が 1 億 5,000 万人を超えることが見込まれている[1]。

　フィリピンの経済は、過去 10 年間は堅調であり、2020 年はコロナ禍による大きな落ち込みを経験したが、それ以外の期間においては、おおむね 5 ％〜7％ の実質 GDP 成長率を記録している[2]。

　2022 年 6 月に就任したマルコス大統領は、対中融和姿勢をとっていた前政権と異なり、南シナ海の領有権に関して強い姿勢で中国に臨んでおり、米国との軍事協力を推進する等、米国との関係を再構築している。フィリピンは、日本との関係も重視しており、日本によるインフラ整備支援、日本からの防衛装備品の供与、自衛隊とフィリピン軍の共同訓練等両国間の協力が進んでいる。

　このような環境下において、日系企業によるフィリピンへの投資は着実に増加しており、統計庁によれば、日本のフィリピンへの投資額は 2020 年以降 4 期連続で増加している[3]。フィリピンの人口の増加、フィリピンの経済成長、日比の協力関係の推進等を背景として、日本からフィリピンへの投資は今後も増加することが期待される。

1）　国連アジア太平洋経済社会委員会（United Nations Economic and Social Commission for Asia and Pacific）のウェブサイト
2）　統計庁のウェブサイト
3）　2023 年の日本のフィリピンへの認可投資額は約 57,472 百万ペソであり、国別投資額において 3 位である（統計庁のウェブサイト）。

II. フィリピン法の概要

1. フィリピン法の歴史

　フィリピンは、複数の異なる歴史的、文化的背景を持つ国による植民地支配を経験した複雑な歴史を有する国である。フィリピンの歴史は、その政治体制により、(イ)スペイン統治以前（16世紀以前）、(ロ)スペイン統治時代（16世紀〜1898年）、(ハ)米国統治時代（1898年〜1935年）、(ニ)コモンウェルス（1935年〜1946年）[4]、(ホ)フィリピン共和国（1946年〜1986年）、(ヘ)戒厳令時代（1972年〜1981年）、(ト)現行憲法によるフィリピン共和国（1986年〜現在）に区分される。

　このうち、スペイン統治時代に、現在のフィリピン法の基礎が形成されており、特に民法、刑法等は大陸法系に属するスペイン法の影響を受けている。また、米国統治時代には、英米法系に属する米国法の概念がフィリピンに持ち込まれた。特に憲法、会社法等は米国法の影響を受けている。

　このように、フィリピン法は、制定法を重視する大陸法と判例を重視する英米法の混合であり、法分野によってそれぞれの影響の程度は異なる。

　なお、フィリピン南部のミンダナオ島の一部地域は、14世紀にイスラム教徒が移住して以後、独自の社会を構築しており、当該地域を中心にイスラム法も存在する。

2. フィリピン法の法源

　フィリピン法の主な法源は、憲法、法律および判例（最高裁判所の判決）

---

4)　なお、コモンウェルス時代のうち1942年から短期間は日本による支配が行われていた。

である。

（1）憲法

　現行憲法は、1986 年 2 月のエドゥサ革命（People Power Revolution）後に制定された 1987 年フィリピン共和国憲法（1987 Constitution of the Republic of the Philippines）である。現行憲法は、自由の憲法（Freedom Constitution）とも呼ばれる。

　現行憲法は、㈠国土、㈡国の原則および方針の宣言、㈢基本的人権、㈣国民、㈤選挙権、㈥立法機関、㈦行政機関、㈧司法機関、㈨憲法委員会、㈩地方政府、㈪公務員の責任、㈫国家の経済および財産、㈬社会正義および人権、㈭教育、科学、技術、美術、文化およびスポーツ、㈮家族、㈯一般条項、㈰改正、㈱経過規定の 18 章から構成される。

　このうち、㈡国の原則および方針においては、以下の重要な原則が宣言されている。

- フィリピンは民主共和制であり、主権は国民にあること
- フィリピンは戦争を放棄し、一般的な国際法を採用し、平和、公平、正義、自由、協力および他国との友好を守ること
- 文民が軍を掌握すること。フィリピンの軍隊は国民の守護者であり、その役割は国家の主権や国土を保護することにあること
- 政府の最も重要な義務は、国民に仕え、国民を守ることにあること。政府は、国家を防衛するために徴兵等を行うことがあり、国民はこれに応じる義務があること
- すべての国民は、平和および秩序の維持、生命、自由および財産の保護ならびに社会福祉の促進を享受し、また、これらは民主主義によりもたらされること
- 宗教と国家は相互に不可侵であること

　また、現行憲法は、国の方針として、核兵器を保有しないこと、女性の役割や両性の本質的平等を規定するなど、先進的な内容を含んでいる。

（2）法律

①　法律の名称

　上記 1 で説明したとおり、フィリピンは、時代により異なる政治体制をとっていたため、法律も政治体制ごとに異なる名称をとっている。例えばコモンウェルスの時代（1935 年〜1946 年）に制定された法律は Common Wealth Act である。フィリピン共和国の時代（1946 年〜現在）に制定された法律は原則として Republic Act であるが、戒厳令時代（1972 年〜1981 年）からエドゥサ革命（1986 年）までの間に制定された法律は、大統領が制定した Presidential Decree と立法機関が制定した Batas Pambansa の 2 つがある。

②　法律の制定プロセス

　法律は、国会の両院（上院（Senator）および下院（House of Representative））における承認と大統領の署名によって成立する。具体的には、フィリピンの法律は、以下の手続を経て成立する。

　法案は国会議員により提出される。国会議員により提出された法案については、最初に First Reading が行われる。この段階においては、委員会における法案の審議およびさまざまな意見を反映させるための公聴会が実施される。公聴会の後、委員会によるレポートが作成され、その後 Second Reading のプロセスに移行する。

　Second Reading においては、法案の趣旨の説明および法案の議論、当該議論に基づいた法案の修正等が実施される。法案の修正作業の完了後、法案は各院において審議される。

　各院が承認した法案の内容が異なる場合、両院審議会（bicameral conference）が設置され、両法案を統合した一つの法案を作成するための調整が行われる。その後、当該調整後の法案を含む両院審議会委員レポート（bicameral conference committee report）が、両院に提出されて審議される。

　両院が承認した法案は、大統領に提出され、大統領が法案に署名を行うことにより法律が制定される。大統領は、法案に対して拒否権を行使することもできる。大統領が拒否権を行使した場合、各院において改めて審議を行い、各院が3分の2の賛成をもって承認した場合、当該法案は法律として成立する。

（3）裁判所の判決

　裁判所の判決のうち、最高裁判所の判決は、判例としてフィリピン法の一部を構成する。フィリピンの民法は、憲法または法律の適用または解釈を行う判例は、フィリピンの法体系の一部を形成する旨を宣言しており、判例は、判例変更が行われない限り、法的拘束力を有する。

　最高裁判所の判決は、基本的に Philippine Reports、Supreme Court Reports Annotated 等の判決集で入手することが可能である。また、最近の最高裁判所の判決は、最高裁判所のホームページ等のウェブサイトでも入手することが可能である。ただし、戦前の判決は焼失している等の理由により、入手困難なものがある。

　下級審の判決のうち、最近の高等裁判所の判決は、高等裁判所のホームページ等で入手可能である。

（4）その他

　上記のほか、各行政機関が定めるガイドラインや通達は、法の解釈や執行において重要となる。例えば、証券取引委員会が定める Memorandum Circular は、改正会社法に関して重要な解釈や手続を定めている。

3.　ビジネス法の最近の動向

　フィリピンのビジネス法はここ10年間で大きく発展している。まず、

2019 年 2 月に施行された改正会社法は、1980 年の会社法制定後初めての大改正であり、会社設立に関する改正をはじめとして実務に与える影響は少なくない[5]。また、競争法（2015 年 8 月施行）、データプライバシー法施行細則（2016 年 9 月施行）等も、ビジネスの実務に重要な影響を与える法令である。

　近年は外資規制の緩和も進んでいる。小売事業自由化法の改正（Republic Act No. 11595、2022 年 1 月施行）、外国投資法の改正（Republic Act No. 11647、2022 年 4 月施行）、公共サービス法の改正（Republic Act No. 11659、2022 年 4 月施行）、再生可能エネルギーの外資規制緩和に関する司法省の意見（DOJ Opinion No. 21, series of 2022、2022 年 9 月）等、外資規制の緩和に関する重要な法改正等が相次いで行われている。また、2024 年 7 月時点において、外資規制に関する憲法改正の議論も活発に行われている。

　上記のとおり、フィリピンにおけるビジネス関係法令は、ここ 10 年で大きく発展しており、それに基づく実務も着実に積み重なっている。本書においては、このようなフィリピンにおけるビジネス関係法令の概要と実務上のポイントを紹介する。

---

5)　改正の概要については、園田観希央ほか「フィリピン改正会社法の概要と実務上のポイント」旬刊商事法務 No.2204（2019 年）44 頁以下。

第 2 章
進出方法

Chapter 2

I. はじめに

外資企業[1] が、フィリピン国内での事業を検討する場合、外資企業が当該事業を実施することに対する規制（第 3 章「外資規制」参照）、フィリピン国内における拠点設立の必要性（本章 II 参照）および進出方法の選択（本章 III 参照）が主として問題となる。

外資規制については第 3 章で説明し、本章においては、拠点設立の必要性と進出方法の選択について説明する。

II. Doing Business 規制

1. Doing Business の範囲

外資企業がフィリピン国内で事業を行う場合、いわゆる Doing Business 規制に留意する必要がある。Doing Business 規制とは、フィリピンで事業を行う場合には、フィリピンに拠点（子会社、支店、駐在員事務所等）を設置しなければならないという規制である（改正会社法 140 条）。

外国投資法およびその施行細則においては、図表 2-1 の行為が、フィリピンで事業を行う行為（Doing Business）に該当するとされている（外国投資法 3 条 (d)、外国投資法施行細則 1 章 1 条 (j)）。Doing Business の範囲は広範であり、フィリピンで事業活動またはそれに関係する活動を行う場合には、Doing Business に該当する可能性があることに注意する必要がある[2]。

---

1) 本章において、外資企業とは、フィリピン国民（Philippine National）以外の企業をいう。フィリピン国民の定義については、第 3 章「外資規制」を参照。

【図表 2-1　外国投資法における Doing Business の範囲】

［Doing Business に該当する行為］
- 申込みの勧誘
- サービス契約の勧誘
- オフィスの開設（駐在員事務所か支店かの名称を問わない）
- フィリピンに居住しもしくは 1 年間に 180 日以上フィリピンに滞在する代表者もしくは代理店の任命または外資企業の監督下における経営
- フィリピンにおける事業、事務所、会社、法人の運営、監督または支配への関与
- 継続した商業取引を示唆し、または、商業上の利益や事業体としての目的を実行するための行為

［Doing Business から除外される行為］
- フィリピン企業への株主としての出資および株主としての権利行使
- 出資者の利益を代表する取締役やオフィサーの任命
- 自らの名義および計算で事業を行う代理店等の任命
- 紙面または放送媒体による広告
- フィリピン企業による加工が予定されている在庫の保管
- 輸出のための製品加工に使用される設備のフィリピン企業への委託
- フィリピンにおける情報収集
- 販売に付随する業務の提供（例えば、フィリピンに輸出された機械の設置、現地労働者のトレーニング等）

2.　Doing Business 規制に違反した場合の法的効果および罰則

　外資企業の行為が Doing Business に該当する場合、当該外資企業は、フィリピンに拠点を開設しなければ、フィリピンの裁判所や行政当局に対し、

---

2)　なお、判例においては、ある企業の行為が Doing Business に該当するかは、当該企業がフィリピンにおいてビジネス活動を継続的に行う意思があるか（Substance Test）、および、フィリピンにおいて継続的なビジネス活動があるか（Continuity Test）によって判断するとされているものがあり Mentholatum Co. v. Mangaliman, G. R. No. L-47701, June 27, 1941 等）、近時の証券取引委員会のオピニオンにおいてもこの基準に沿って判断しているものがある。

訴訟の提起その他の手続を行うことができない。一方、訴訟の被告や行政手続の対象となることはある（改正会社法150条）。

　また、Doing Business 規制に違反して拠点を開設せずにフィリピンにおいて事業を行った場合、改正会社法に基づいて、5,000 ペソ以上 2,000,000 ペソ以下の制裁金（ただし、制裁金の額は違反した日ごとに 1,000 ペソを超えないものとする。改正会社法 158 条）が課され、また、外国投資法に基づいて、法人に対しては 5,000,000 ペソ以下の制裁金、役員に対しては 200,000 ペソ以下の制裁金が課される（外国投資法 14 条）[3]。

III.　進出形態の選択

1.　はじめに

　Doing Business 規制により現地拠点の設置が必要な場合、次に現地拠点としてどのような形態を採りうるかが問題となる。下記「2. 現地拠点の形態」では、外資企業がフィリピンに設置しうる拠点の形態について説明する。

　また、下記「3. その他の進出形態」においては、現地のフランチャイジーや代理店を介して行われる取引やインターネット取引について説明する。

---

3)　なお、日系企業がフィリピンにおいて事業を行う場合、一定の要件を満たすと恒久的施設（Permanent Establishment）を有するものと判断され、当該恒久的施設に帰属する利得は、フィリピンにおいて課税される（所得に対する租税に関する二重課税の回避および脱税の防止のための日本国とフィリピン共和国との間の条約）。

2. 現地拠点の形態

（1）駐在員事務所

　駐在員事務所（Representative Office）は、顧客との連絡窓口となること等を目的として設置する事務所である。製品およびサービスの情報宣伝と販売促進、市場調査の実施、フィリピンにおける情報収集または製品の品質管理の機能が認められている。

　駐在員事務所がフィリピンで事業活動を行い、所得を得ることは認められていない（外国投資法施行細則１条（q））。そのため、フィリピンで事業活動を行う拠点を設置する場合には、支店または現地法人を設置する必要がある。

　過去に駐在員事務所として許容される活動の範囲が問題となったケースにおいて、証券取引委員会は、駐在員事務所の活動として許容されるためには、以下の要件を満たす必要があるとの判断を行っている[4]。

- 駐在員事務所がフィリピンの顧客との間で自ら取引を行っておらず、顧客との取引を記録をしておらず、顧客から支払を受けていないこと
- 駐在員事務所の活動の対価として手数料を受け取っておらず、フィリピンにおいて収益を上げる権限を有していないこと
- 駐在員事務所の活動に関する費用は、本国からの資金で賄われていること

　駐在員事務所は、原則として契約の締結を行うことが許容されていない。もっとも、事務所の賃貸借契約や従業員の雇用といった駐在員事務所の管理に関する事項は、駐在員事務所でも許容される。

　駐在員事務所を設置する場合には、フィリピンにおける居住代理人（Resi-

---

4)　SEC-OGC Opinion No. 16-20, 25 August 2016.

dent Agent）を指名する必要がある。自然人と法人のいずれも居住代理人となることができる。自然人の場合には、フィリピン居住者であること、道徳的に問題ないこと（good moral character）および良好な財務状態であること（sound financial standing）が必要であり、法人の場合には、フィリピンの法人であること、良好な状態であること（good standing）および良好な財務状態であること（sound financial standing）が必要となる（改正会社法 144 条）。居住代理人は本社を代理して、駐在員事務所に対する召喚状その他の法令上の手続に関する書類を受領する。この居住代理人による受領により、本社が送達を受けた場合と同様の効果が発生する（同法 145 条）。

（2）支店

支店（Branch Office）は、本社と同一の法人格を有しながら、フィリピンで事業活動を行うために設置する拠点である。駐在員事務所と異なり、フィリピンにおいて事業活動を行って収益をあげることが可能である（外国投資法施行細則 1 章 1 条（q））。

支店は、本社と同一の法人格を有するため、子会社として株式会社を設立する場合とは異なり、株主有限責任のメリットを享受することはできず、支店の行為による法的効果は本社に帰属する。

支店は外資規制においては外資 100％ 出資の会社と同様に取り扱われる。そのため、支店は外国投資法のネガティブリストに記載されている事業を行うことはできない（外国投資法のネガティブリストについては、**第 3 章「外資規制」** I．3．参照）。

なお、支店を設置する場合、駐在員事務所の場合と同様に居住代理人を選任する必要がある。また、支店でフィリピン国内市場向けの事業活動を行う場合、国内市場向け事業の外資規制が適用されうるため、適用除外の要件を具備する必要がある（国内市場向け事業の外資規制については、**第 3 章「外資規制」** III．1．参照）。

なお、支店は支店設立の認可から 60 日以内に、有価証券により 500,000

ペソ以上の預託をしなければならない。さらに、総所得が 10,000,000 ペソ
を超えた場合、会計年度終了後 6 か月以内に追加の預託をしなければなら
ない（改正会社法 143 条）。

（3）現地法人

外資企業が、フィリピンにおける事業拠点として現地法人を設立する場合、
株式会社の形態が採られることが多い。株式会社を設立する場合、株主有限
責任の原則のもと、当該外資企業は、フィリピンの株式会社に出資した範囲
でのみ責任を負い、フィリピンで発生した事業リスクをフィリピン内におさ
めることができる。

フィリピンの株式会社に対する出資比率を決定するに際しては、外資規制
に留意する必要があり、事業内容によっては株式会社に対する出資割合が一
定の割合に制限される（外資規制については、**第 3 章「外資規制」**参照）。また、
フィリピン国内市場向けの事業活動を行う場合に国内市場向け事業の外資規
制が適用されうる点は、支店の場合と同様である。

なお、フィリピンの株式会社の概要については、**第 5 章「会社法」**を参
照されたい。

3.　その他の進出形態

（1）フランチャイズ

フランチャイズは、外資企業がフランチャイザーとなり、フィリピン企業
をフランチャイジーとして、外資企業のブランドやノウハウ等のもとに一定
の商品やサービスをフィリピンで販売する進出形態である。

フィリピン企業をフランチャイジーとするフランチャイズ契約[5]につい
ては、2022 年 5 月に大統領令 No. 169（Executive Order No. 169）が制定さ
れている。当該大統領令によれば、フランチャイジーが中小零細企業（Mi-

cro, Small and Medium Enterprise) である場合には、フランチャイズ契約に一定の必要的記載事項を規定した上で、貿易産業省に登録する必要があるとされる[6]。2024 年 6 月時点において、大統領令 No. 169 を実施するためのガイドライン等は定められておらず、登録制度の運用は開始されていない。

　また、フランチャイズ契約は、知的財産法における技術移転の取決め (technology transfer arrangements) に一般に該当する。そのため、フランチャイズ契約においては、知的財産法が定める禁止規定を定めることができず、また、一定の必要的記載事項を定める必要がある（技術移転の取決めの詳細は、第 7 章「知的財産法」を参照。）。

① フランチャイズ契約の登録

　フランチャイザーは、中小零細企業をフランチャイジーとするすべてのフランチャイズ契約について、契約締結後 30 日以内に貿易産業省に登録することが必要とされている[7]。

　当該登録制度の保護の対象となる中小零細企業は、図表 2-2 のいずれかの企業に該当する企業をいう。

② フランチャイズ契約における必要的記載事項

　中小零細企業をフランチャイジーとするフランチャイズ契約は、図表 2-3

---

5) 大統領令 No. 169 において、フランチャイズ契約とは、フランチャイザーが、一定のマーケティングシステムのもとに商品またはサービスを販売等する権利をフランチャイジーに付与する契約であり、当該権利は、原則として商標、商号、ノウハウ、事業上のシンボル等の使用を伴うとされる。

6) なお、大統領令 No. 169 の施行日（2022 年 5 月 16 日）においてすでに締結済みのフランチャイズ契約については、フランチャイズ契約を更新する際に当該大統領令を遵守する必要がある。

7) ただし、認定されたフランチャイズ協会の会員であるフランチャイザーについては、①フランチャイズ契約の雛形を貿易産業省に登録すること、および、②中小零細企業をフランチャイジーとするフランチャイズ契約において大統領令 No. 169 が定める必要的記載事項を定める旨を確約することの要件を満たせば、個別フランチャイズ契約の登録は不要となる。

【図表 2-2　中小零細企業の範囲】

企業の分類	資産要件
マイクロ企業	総資産 50,000 ペソ以下 (注1)
コテージ企業	総資産 50,001 ペソ〜500,000 ペソ
小企業	総資産 500,001 ペソ〜5,000,000 ペソ
中企業	総資産 5,000,001 ペソ〜20,000,000 ペソ

(注 1)　なお、大統領令 No. 169 の原文においては、総資産 50,000 ペソ未満と規定され
　　　ているが、他の区分との整合性の観点から、本表では総資産 50,000 ペソ以下と記載し
　　　ている。

【図表 2-3　フランチャイズ契約の必要的記載事項】

- フランチャイズの対象となる商品またはサービスの名称と詳細
- フランチャイジーに付与される権利（例えば、商標その他の知的財産庁に登録され
  ている知的財産権等の使用権等）
- フランチャイジーに課される契約前の費用、初期費用または継続的な費用のすべて
  の開示（例えば、フランチャイズ料、販売促進料、ロイヤルティその他関連する料
  金等）
- フランチャイザーの責任の詳細（支援の種類および項目の列挙、および、貿易産業
  省へのフランチャイズ契約の提出を含む）
- 中小零細企業のフランチャイジーの責任の詳細
- 差別禁止条項
- フランチャイズ契約の期間および更新の条件
- フランチャイズ契約の中途解約、解除または期間満了の原因および効力
- フランチャイジーにより契約を終了できるクーリングオフ期間に関する規定
- 紛争解決に関する事項（2004 年裁判外紛争解決法における調停を申し立てること
  ができる規定を含むことが必要）
- フランチャイズ契約違反に対する救済

の必要的記載事項を定める必要がある。また、書面で作成し、フィリピンに
おいて公証人の公証を受けなければならない。

（2）代理店

　フィリピンには、一部の国でみられるような現地の代理店を特別に保護する制度は存在しない。もっとも、外国投資法と競争法に留意する必要がある。

　まず、外国投資法については、上記 II で説明したとおり、「フィリピンに居住しもしくは 1 年間に 180 日以上フィリピンに滞在する代表者または代理店の任命」は、Doing Business に該当し、外資企業は原則としてフィリピンに拠点を設置することが必要となる。しかし、フィリピンの代理店が自らの名義および計算で顧客と商品またはサービスの販売等の契約を締結する場合には、当該代理店の任命は、プリンシパルである外資企業にとって Doing Business には該当しないとされる。そのため、外国企業がフィリピンに拠点を設置せずに、フィリピンの代理店を通じてフィリピンにおいて商品、サービスを販売する場合には、代理店が自らの名義および計算で顧客と商品またはサービスの販売等を行う契約を締結する必要がある。

　次に、競争法は支配的地位の濫用を禁止している（支配的地位の濫用については、**第 10 章「競争法」** III. 参照）。そのため、プリンシパルである外資企業が支配的地位にある場合には、支配的地位の濫用に該当する内容を代理店契約に定めることは禁止される。特に、価格の固定、優遇価格またはリベート、競合他社との取引禁止等の条件を定めた場合には、支配的地位の濫用に該当する可能性があるため、注意する必要がある（競争法 15 条（e）、競争法施行細則 3 章 2 条（a）（5））[8]。

（3）インターネット取引

　フィリピンにおけるインターネット取引については、2023 年 12 月にイ

8）　なお、代理店の活動領域に地域的な制限を設けて各地域における独占的な代理権を与える独占代理店契約についても、支配的地位の濫用に該当する可能性があるが、各当事者に一方的に契約を解除する権利を与える場合には独占代理店契約は許容される（競争法 15 条（e）（1））。

ンターネット取引法が制定され、2024 年 5 月には施行細則も制定されている。

　同法は、事業者間または事業者と消費者の間のインターネット取引を対象とし、㈑いずれかの当事者がフィリピンに所在しているか、または、㈠デジタルプラットフォーム運営者（Digital Platforms）[9]、インターネット小売業者（E-retailers）[10] もしくはオンライン事業者（Online Merchant）[11] がフィリピン市場を利用し、これと最低限のコンタクト（Minimum Contacts）[12] がある場合に適用される（インターネット取引法 3 条、5 条、インターネット取引法施行細則 3 条）[13]。そのため、フィリピン国内に法人や営業所を設立していない事業者であってもフィリピン市場が対象に含まれるインターネット取引（つまり、インターネットを介してフィリピンで事業を行っている場合）については、同法が適用される可能性がある。

　同法が適用される事業者に対しては、主に図表 2-4 の義務が課される（同法 21 条〜23 条）[14]。

---

9)　デジタルプラットフォーム運営者は、オンラインで情報やコミュニケーションのやりとりを行うメカニズムを運営する者をいい、例えば、インターネット取引市場、モバイルアプリケーションプラットフォーム、ソーシャルメディアプラットフォーム等がこれに該当する。

10)　インターネット小売業者は、ウェブサイト等で商品やサービスを販売する者をいう。

11)　オンライン事業者は、インターネット取引市場やデジタルプラットフォームにおいて商品やサービスを販売する者をいう。

12)　最低限のコンタクト（Minimum Contacts）とは、フィリピンに所在する顧客とのやりとりや接点をいう。フィリピンに所在する消費者がデジタルプラットフォームを利用して情報、商品またはサービスの取引を行うことを許可した場合、Minimum Contacts が存在するとみなされる（インターネット取引法施行細則 2 条（m））。

13)　ただし、消費者間の取引の場合、インターネット外で取引が行われる場合、事業者がフィリピン市場を利用しない場合またはオンラインメディアの場合には、インターネット取引法は適用されない（インターネット取引法施行細則 4 条）。

14)　なお、各事業者がこれらの義務を遵守するための準備期間として、施行から 18 か月の経過期間が設けられている（インターネット取引法 32 条）。

【図表 2-4　インターネット取引事業者の主な義務】

事業者の種類	主な義務の概要
インターネット取引市場の運営者（E-marketplaces）(注1)	● インターネット取引であること、取引の当事者、ディスカウントの条件等の明示 ● 事業者名、住所、連絡先等の明示 ● プラットフォームに登録している事業者の情報（名称、住所、連絡先等）の明示 ● プラットフォームに登録している事業者のリストの保管 ● データプライバシーの保護 ● 販売に関する法令の遵守 ● 消費者の救済措置の設置(注2) ● 販売業者による製品の名称、価格、仕様、取引条件の明示
デジタルプラットフォーム（取引の実行を管理しない場合）	● 消費者が事業者のアカウントと非事業者または個人のアカウントを区別できる措置 ● 販売に関する法令の遵守 ● 製品の名称、価格、仕様、取引条件の明示 ● 販売業者による製品の名称、価格、仕様、取引条件、連絡先の明示 ● 消費者の救済措置の設置 ● オンライン取引の目的でプラットフォームを使用するアカウントのリストの保管 ● データプライバシーの保護
インターネット小売業者およびオンライン事業者	● 製品の価格の明示 ● 製品の条件、型式、品質、仕様等が記載、サンプル等と一致しており、かつ、目的に適合していること ● 製品が説明書その他の附属品と同時に納品されること ● 事業者の名称、住所、連絡先等の明示 ● データプライバシーの保護 ● 請求書、受領書等の発行 ● 消費者の救済措置の設置

（注1）　インターネット取引市場の運営者は、事業者と消費者の間のオンライン上の取引のサポート（売買の締結、支払手続または商品の配達に関するサポート等）を行うプラットフォームを運営する者をいう。

（注2）　なお、消費者は、インターネット取引市場の運営者、デジタルプラットフォームまたはインターネット小売業者との問題については、最初にこれらの事業者が設置する救済措置を利用しなければならない。かかる救済措置への申立てから7暦日が経過しても問題が解決しない場合には裁判所その他の紛争解決手続の利用が可能となる。

Column　　　　　　　　　　投資優遇措置

　フィリピンにおいても、他の新興国と同様、外資を誘致するために、法人所得税や付加価値税の免税等のさまざまな投資優遇措置が存在する。

　フィリピンでは、投資委員会、経済区庁等の複数の異なる投資誘致機関が、それぞれ異なる投資優遇措置を付与しており、その複雑性や非効率性が指摘されていた。また、フィリピンの法人所得税率は 2022 年 3 月以前は 30%とほかの ASEAN 諸国と比べて高水準であり、投資優遇措置が適用される企業と適用されない企業の間の不公平を指摘する意見もあった。

　これらの課題に取り組むため、2021 年 4 月に施行された CREATE 法（Republic Act No. 11534）は、投資優遇措置の認定の権限の一元化、法人所得税率の 30% から 25% への引き下げ、投資優遇措置の見直し等を定めている。

　しかし、同法における投資優遇措置の見直しは、従前は無期限で認められていた税制優遇措置を有期に変更するなど、投資優遇措置を受けている外資企業に少なくない影響を与えるものであった。特に、付加価値税については、税制優遇措置の適用範囲の混乱、還付手続の遅延等の問題が指摘されている。

　上記の問題に対応するため、2024 年 6 月現在、同法を改正する CRE-ATE MORE という名称の法案（House Bill No. 9794）が国会で審議されている。CREATE MORE のもと、外資企業に対する適切な投資優遇措置や付加価値税に関するルールの明確化等が図られることが期待される。

Column　　フィリピンにおける消費者金融の広がり

　フィリピンでは、多くの消費者が個人向けローン（いわゆる「消費者金融」）の利用を検討していると言われている。この背景には、一般的に国民の賃金が低く、生活費等のために資金の借入が必要となるものの、銀行から融資を受けることは難しいことから、消費者金融を利用せざるを得ない事情が

ある。また、フィリピンはその地理的特性（島嶼国家であり、連絡手段が重要であること）や利用の容易さを理由として若い世代を中心にスマートフォンが普及している。消費者金融等の金融商品のプラットフォームとしてスマートフォンが利用できることも、フィリピンにおける消費者金融の広がりを促進している。

2016年には、消費者金融の事業を行う Financing companies と Lending companies について外資規制が撤廃されており、以後、日系企業を含む外資企業の進出が増加している。

フィリピンにおいて消費者金融の事業を行う場合、Financing companies または Lending companies として、証券取引委員会に登録する必要があるところ、日系企業は、Financing companies として登録を行うことが多い。これは、Lending companies が行うことができる事業は、基本的に融資に限定されているのに対して、Financing companies は、融資に加えて、ファクタリング、リース、ファイナンス・リースなどさまざまな金融サービスを提供できることが理由である。一方、Financing companies の登録にあたっては、Lending companies より高い最低資本金が要求されることから、フィリピンの国内事業者を含む全体の登録件数では、Lending companies のほうが多い。

Financing companies は、証券取引委員会の監督を受けるとともに、貸付金等に関する規制、上限金利規制、行為規制（顧客への情報提供義務、不公正な回収の禁止、一般顧客保護のためのメカニズムの構築義務、商品の条件の合理性チェックのための施策の実施、情報セキュリティ基準の策定と実施、証券取引委員会への定期報告義務等）、マネーロンダリング規制等が課される。

なお、消費者金融に付随し、または、関連する業態として、支払システム運営事業者（Operator of Payment System : OPS）と電子マネー発行業がある。

OPS は、決済または資金移動を可能にするプラットフォームを提供する事業者であり、例えば、クリアリングや決済サービス事業がこれに該当する。その実施に際しては、OPS として中央銀行に登録する必要がある。OPS は、ガバナンス体制の構築、リスク管理措置の実施、中央銀行への定期的な報告義務等を遵守する必要がある。

　また、電子マネー発行業は、いわゆる「電子マネー」を発行する事業者であり、例えば、プリペイド式で発行される支払手段を提供する事業を営む場合にはこれに該当する。なお、電子マネーは、電磁的に保存された金銭的価値であって、㈦無利息の非預金取引口座に保管されていること、㈠顧客の事前の払込が行われていること、㈢第三者により支払手段として認められること、㈣払込金額と同額の電子マネーが発行されるものであること、㈤現金または現金等価物による払戻が可能であること等の要件を満たすものが該当する。電子マネー発行業を営むためには中央銀行の承認を受ける必要があり、また、他の金融事業と同様、一定のガバナンス規制、システム規制ならびに資本金および流動性に関する規制等に服する。

　フィリピンは、今後長期間にわたって人口増加や所得水準の向上が予想される国であり、消費者金融を営む日系企業にとって魅力的な市場の 1 つとなっている。

第 3 章

外資規制

I. 外資規制の概要

1. はじめに

　外資企業[1] がフィリピンにおいて投資を行う場合、外国投資法の適用が問題となる。

　外国投資法が適用される外国投資（foreign investment）とは、フィリピン国民（Philippine National）以外の者による、外貨その他の資産のフィリピンへの移転の方法によるエクイティの投資であり、中央銀行に登録されるものをいう（外国投資法3条（c））。なお、銀行業等の中央銀行の監督下にある金融機関については、外国投資法は適用されない（外国投資法4条）。

2. フィリピン国民

　外国投資法が適用される外国投資は、フィリピン国民以外の者による投資である。

　外国投資法におけるフィリピン国民とは、(i)フィリピン人[2]、(ii)フィリピン人により組成される組合もしくは団体、(iii)発行済株式および議決権の60％以上をフィリピン人によって保有されるフィリピン法人、(iv)受益者の60％以上がフィリピン人である年金、退職金、離職給付等の信託ファンド等とされている（外国投資法3条（a））。

　このうち(iii)の要件は特に重要であり、フィリピン法に基づいて設立された法人であっても、フィリピン人以外がフィリピンの会社の発行済株式または

---

1)　本章において、外資企業とは、フィリピン国民（Philippine National）以外の企業をいう。

2)　本書において、フィリピン人とは、フィリピン国籍保有者をいう。

議決権の 40% 超を保有する場合には、フィリピン国民とはならず、外国投資法の適用対象となる。

　この 40% の計算方法については、証券取引委員会による 2013 年 5 月 20 日付 SEC Memorandum Circular[3] によれば、憲法または法律上必要とされるフィリピン国民による出資比率については、(i)取締役選任に必要な議決権株式の数、および、(ii)株式（議決権の有無は問わない）の数の両方において必要な比率を満たさなければならないとされている。なお、この SEC Memorandum Circular は、2012 年 10 月の Gamboa vs Teves 事件の最高裁判所判決[4] に基づくものとされている。

3.　ネガティブリスト

　外国投資法は、原則として外資企業によるフィリピンへの投資を認めてい

---

3)　SEC Memorandum Circular No. 8, series of 2013。この SEC Memorandum Circular が、判例に沿っており法的に有効であることを判示した最高裁判所の判決として、Roy III v. Chairperson Teresita Herbosa 事件（G. R. No. 207246, 22 November 2016）がある。なお、当該判決においては、フィリピン人が株式の実質的な所有者（beneficial owner）といえるためには、フィリピン人が議決権の行使と処分に関する権限を有している必要がある旨を判示している。

4)　本判決は、香港の法人（Gamboa）が、フィリピン国内最大の通信事業会社 PLDT（Philippines Long Distance Telephone Company）の株式の取得を図ったところ、これが現行憲法の定める公益事業である通信サービスにおける外資出資比率規制（上限 40%）に違反するのではないかが争われた事件である（G. R. No.176579, October 9, 2012）。具体的には、PLDT は議決権株式のほか無議決権株式を発行していたところ、かかる株式取得後における Gamboa の PLDT に対する出資比率について、(i)無議決権株式を含む全種類の発行済株式の合計数を基準とした場合は 40% 未満であったが、(ii)議決権を有する発行済株式のみを基準とすると 40% を超えていた。この点について、最高裁判所は、出資比率の要件は、普通株式、無議決権株式などの株式の種類ごとにそのすべての種類について満たされる必要があると判断して、Gamboa による買収が憲法違反にあたると判断した。

る。他方で、同法は、その例外としてネガティブリスト（Foreign Investment Negative List）を公表しており、ネガティブリストに規定された分野については、外資企業の参入が制限されている。

　2024年6月時点の最新のネガティブリストは、2022年6月27日に制定された第12次ネガティブリストであり、その内容は図表3-1に記載のとおりである。

　なお、ネガティブリストは、リストAとリストBの2種類が存在する。リストAは憲法および特別法に基づいて外国投資が制限される分野のリストであり、リストBは安全保障、公衆衛生、中小企業の保護等を理由に外国投資が制限される分野のリストである。リストAは、憲法および特別法の改正があった場合に修正され、リストBは2年に一度を上限として大統領令により改訂される（外国投資法8条）。

【図表 3-1　第 12 次ネガティブリストの概要】＜リスト A＞

外資比率の上限	事業分野
0% （外資の完全禁止）	ⅰ．レコーディングとインターネットビジネスを除くマスメディア[注1] ⅱ．専門職（ただし、法令により一定の条件の下で認められる場合を除く）[注2] ⅲ．払込資本金額が 2,500 万ペソ未満の小売業[注3] ⅳ．協同組合（ただし、フィリピン国籍を有していた自然人による投資を除く） ⅴ．民間探偵・警備事業または組織 ⅵ．小規模鉱工業 ⅶ．群島内、領海内、排他的経済海域内の海洋資源の利用、河川・湖・湾・潟での天然資源の小規模利用 ⅷ．闘鶏場の所有、運営、経営 ⅸ．核兵器の製造、修理、貯蔵、流通 ⅹ．生物・化学・放射線兵器および対人地雷の製造、修理、貯蔵、流通 ⅺ．爆竹その他花火製品の製造
25% 以下	ⅰ．雇用あっせん（国内・国外いずれで雇用されるかを問わない） ⅱ．防衛関連施設の建設契約
30% 以下	ⅰ．広告業

（注 1）インターネットビジネスとは、メッセージを送信するキャリアとしてのインターネットアクセスプロバイダーを意味し、情報やメッセージを創出する者ではないとされている（DOJ Opinion No. 40, 1998）。

（注 2）ネガティブリストの別紙においては、相互主義（reciprocity）のもと、フィリピン人が当該専門職に就くことが認められている国の国民のみ従事することが認められている専門職や企業活動として営むことに外資規制が課される専門職が列挙されている。

（注 3）以下の条件を満たす小売業については、100% の外国資本が認められる（外国投資法 5 条）。

(a)外国小売業者の払込資本金額が 2,500 万ペソ以上であること、(b)外国小売業者の所在する国においてフィリピンの小売業者の参入を禁止していないこと、かつ、(c)複数の店舗を有する場合には、1 店舗あたりの払込資本金額が 1,000 万ペソ以上であること。

外資比率の上限	事業分野
40% 以下	ⅰ．Republic Act No. 9184 の施行細則 23.4.2.1 (b)、(c)および(e)におけるインフラプロジェクトの調達 ⅱ．天然資源の探査、開発、利用 [注4] ⅲ．私有地の所有（ただし、フィリピン国籍を喪失した自然人であってフィリピン法において契約を締結する能力を有する者を除く）[注5] ⅳ．公益事業の管理、運営。[注6] [注7] [注8] ⅴ．外交官、その扶養者その他の一時的な居住者、または、短期の高水準の技術取得（ただし、Batas Pambansa No. 232 第 20 条における正式な教育システムを構成するものを除く）のための、宗教団体および宣教師以外により設立された教育機関 [注9] ⅵ．米、とうもろこし産業 [注10] ⅶ．国有・公営・市営企業への材料、商品供給契約 [注11] ⅷ．深海漁船の運営 ⅸ．コンドミニアムユニットの所有 ⅹ．民間ラジオ通信ネットワーク

（注4）フィリピン大統領が承認する資金／技術援助契約に基づく場合、100% の外国資本が認められる。

（注5）フィリピン国籍を喪失した自然人であってフィリピン法において契約を締結する能力を有する者は、自己使用の目的で、都市においては 5,000 m2 以下または地方においては 3 ヘクタール以下の私有地の取得が認められる。

（注6）外資企業は、その出資比率の範囲で公益事業を行う会社等の決定機関に参加できる。また、公益事業を行う会社等の業務執行を行う役員（Executive and managing officers）は、フィリピン人である必要がある。

（注7）「公益事業」とは、(1)配電、(2)送電、(3)石油および石油製品パイプラインシステム、(4)海港、および(6)公共交通機関のいずれかを公共のために運営、管理または制御する公共サービスと定義される。

（注8）発電、競争力のある市場に対する電気の供給その他公益事業の定義に含まれない事業またはサービスを除く。

（注9）教育機関の管理や経営はフィリピン人のみが実施できる。

（注10）100% の外国資本は、事業開始から 30 年以内に外資企業が 60% 以上の株式をフィリピン人に譲渡することを条件として認められる。

（注11）フィリピン人に対して同様の権利を与える国の建設業者または入札業者のみに契約が与えられる。

＜リスト B＞

外資比率の上限	事業分野
40％以下	ⅰ．火器（拳銃、散弾銃等）、火器の部品および弾薬、火器の使用もしくは製造に必要な器具もしくは道具、火薬、ダイナマイト、起爆剤、爆発物製時に使用する材料、望遠鏡、赤外線照準器等、フィリピン国家警察（Philippine National Police）の許可を要する品目の製造、修理、保管、流通 ⅱ．危険薬物の製造、流通 ⅲ．サウナ、スチーム風呂、マッサージクリニック等、公共の保健および道徳に影響を及ぼす危険性があるため、法により規制されているもの ⅳ．すべての賭博行為。ただし、フィリピン娯楽賭博公社（Philippine Amusement and Gaming Corporation）と投資契約が結ばれている事業は除く。 ⅴ．払込資本額 20 万米ドル未満の国内市場向け零細・小規模企業（ただし、以下のいずれかに記載する国内市場向け零細・小規模企業については、払込資本額 10 万米ドル未満）： 　(ⅰ)科学技術省が定める先端技術に関するもの 　(ⅱ)イノベーティブ・スタートアップ法に基づき、主管庁である貿易産業省、情報通信技術省または科学技術省からスタートアップまたはスタートアップ促進機関として承認されているもの 　(ⅲ)直接雇用の従業員の過半数かつ 15 人以上がフィリピン人であるもの

Column　　　**Control Test と Grandfather Rule**

　出資比率の算定方法については、証券取引委員会の 2013 年 5 月 20 日付 SEC Memorandum Circular によりすべてのケースを網羅できるわけではなく、より細かい議論が存在する。

　例えば、図表 3-2 のように重層的な株主構成がとられる場合、合弁会社に対する外資企業の出資比率はどのように算定すべきかが問題となる。

　ここでは、以下の 2 つの異なる考え方が存在する。

【図表 3-2　Control Test と Grandfather Rule に基づく出資比率】

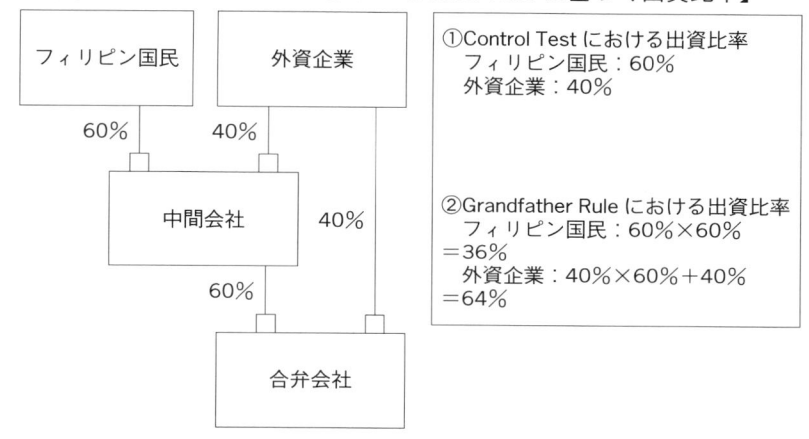

1. Control Test

　Control Test は、会社の直接の株主であるフィリピン国民の出資割合が60% 以上であれば、当該会社をフィリピン国民とみなし、当該会社による出資すべてをフィリピン国民による出資として算出する（つまり直接的な出資割合のみを考慮する）考え方をいう。図表 3-2 においては、中間会社の株式の 60% をフィリピン国民が保有しているため、中間会社はフィリピン国民とみなされる。その結果、フィリピン国民である中間会社の合弁会社に対する出資比率は 60% であるため、合弁会社に対するフィリピン国民の出資比率は 60% となる。

2. Grandfather Rule

　Grandfather Rule は、会社の直接の株主ではなく、さらに上のレベルの株主に遡り、フィリピン国民による間接的な出資割合に基づき判断する考え方をいう。図表 3-2 においては、フィリピン国民による合弁会社に対する間接的な出資比率は 36%（60% ×60% ＝36%）であるため、合弁会社に対するフィリピン国民の出資比率は 36% となる。

　　Control Test と Grandfather Rule のいずれが適用されるかについ
ては、ケースにより異なる。例えば、外資企業による投資が 100% 禁止され
ている分野や法令等で Grandfather Rule が適用される旨が規定されてい
る場合に限り、Grandfather Rule が適用されるとの考えがある[5]。この
考え方に従えば、Grandfather Rule が適用されるのは特別な場合のみで
あり、それ以外は原則として Control Test が適用される。

　　しかし、通常は Control Test が適用される場面であっても、フィリピ
ン国民に実質的な利益や支配が帰属しているか疑わしいケースの場合には、
Grandfather Rule を適用する旨を述べた最高裁判所の判決（Narra
Nickel Mining and Development Corp. v. Redmont Consoli-
dated Mines Corp 事件）[6] も存在するため、注意が必要である。

---

5)　SEC-OGC Opinion の中には外資企業による投資が原則として禁止される小売業につ
　　いては、Control Test は適用されず Grandfather Rule が適用される旨述べたものがある
　　（SEC-OGC Opinion No. 18-20）。
6)　同事件においては、カナダの法人とフィリピンの法人が、天然資源の採掘事業を行
　　う合弁会社に対し、中間会社を用いたスキームで出資を行っていたところ、当該出資ス
　　キームが天然資源の採掘事業における外資規制（上限 40%）に違反するかが争われた
　　（G. R. No. 195580, April 21, 2014, January 28, 2015）。当該事案においては、Control
　　Test を適用した場合の外資の出資比率は 40% 以下、Grandfather Rule を適用した場合
　　の外資の出資比率は 40% 超であり、Control Test が適用される場合には外資規制違反
　　とはならないが、Grandfather Rule が適用される場合には外資規制違反となる事案であ
　　った。最高裁判所は、通常は Control Test を適用して出資割合を判断すれば足りるが、
　　本件において、フィリピン法人は、中間会社に対する出資金の払込みを実際には行って
　　おらず、カナダ法人が合弁会社に対する出資金の 99% を実質的に負担している点に着
　　目し、フィリピン国民に実質的な利益や支配が帰属しているか疑わしいとして、
　　Grandfather Rule を例外的に適用し、外資規制違反と判断した。

【図表 3-3　アンチ・ダミー法により罰則が科される者】

罰則が課される者	罰則
• 外資規制の潜脱を目的として、自身の名義または国籍を利用させた者、および、当該行為によって利益を得た外国人（アンチ・ダミー法 1 条）	5 年以上 15 年以下の懲役刑および潜脱された権利の価値に相当する額（潜脱により得られた収益額を原則とし、5,000 フィリピンペソを下回らない）の罰金
• 外資規制の潜脱を目的として、虚偽にフィリピン国籍保有者による最低限の株式または資本の保有要件が満たされていることを装った者（アンチ・ダミー法 2 条）	
• 法令上、フィリピン国籍保有者、またはフィリピン国籍保有者が資本の 60% 以上を保有する会社のみが行使または享受できる権利、フランチャイズ、特権、所有権もしくは事業を自己の名義もしくは支配下において保有する個人もしくは会社等であって、上記の国籍要件を満たさない個人または会社等に対して、(a) 当該権利等の使用を許諾し、(b) 当該権利等を賃借、移転、または譲渡し、または、(c) 報酬の有無、オフィサー、従業員もしくは労働者のいずれの地位に基づく関与かを問わず、当該権利等のマネジメント、運用、管理または支配への関与を認めた者（ただし、司法長官が認めた技術者を除く）、および、故意によりこれらの行為の計画、実行または違反を援助、補助、または教唆した者 [注 1]（アンチ・ダミー法 2A 条）	

（注 1）　なお、違反した会社の社長、管理職または担当者は、当該会社に代わって刑事責任を負い、また、違反により取得した権利等は没収される（アンチ・ダミー法 2A 条）。

II.　アンチ・ダミー法

　外資企業が、ネガティブリストに記載されている分野など、外資の参入が制限されている分野に対して投資を行う場合、アンチ・ダミー法が適用される。アンチ・ダミー法は、外国投資法等の法令に基づく外資規制の実効性を確保するため、外資規制の潜脱等を行った者に対して罰則を科す法律である。

　アンチ・ダミー法における禁止行為と罰則の概要は、図表 3-3 のとおり

である。

　アンチ・ダミー法において特に重要な点として、外資企業の出資比率が部分的に制限されている分野においては、外資企業の出資比率が許容される割合に応じた割合に相当する人数を上限として、外国人の取締役の就任が認められていることが挙げられる。例えば、外資企業の出資比率の上限が40%とされている事業を行う会社については、以下の範囲で外国人取締役の就任が認められる。

- 取締役の員数が5名の場合：外国人取締役2名、フィリピン人取締役3名
- 取締役の員数が3名の場合：外国人取締役1名、フィリピン人取締役2名

　また、アンチ・ダミー法が適用される場合には、外国人は、オフィサー、従業員等のいずれの地位に基づくかを問わず、会社の運用、管理または支配へ関与することが禁止されている（ただし、司法長官（Secretary of Justice）の承認を得た技術者（technical personnel）を除く。）。

　なお、アンチ・ダミー法には、通報者に対する報奨の制度が定められており、アンチ・ダミー法違反で有罪判決が下された場合、罰金の25%は通報者に与えられる。これは通報者が違反行為に関与した者（dummy）であった場合でも同様である。さらに、通報者は罰則を免除される（アンチ・ダミー法3A条）。

III.　業種ごとの外資規制

1.　国内市場向け事業

　外資企業が、フィリピンの国内市場向けの事業を行う場合、外国投資法に基づく国内市場向け企業（domestic market enterprise）に関する外資規制が適用される。国内市場向け企業とは、フィリピンの国内市場向けに製品の販売やサービスの提供を行う企業である。企業がフィリピン国外へ製品等の輸出を行っている場合には、継続して 60% 以上の製品等を輸出していない限り、当該企業は国内市場向け企業とみなされる（外国投資法 3 条（f））。

　国内市場向け企業については、フィリピンの中小企業を保護する目的から、別途法律が定める場合を除いて、払込資本を 20 万米ドル以上とする必要がある。ただし、以下のいずれかの条件を満たす場合には、払込資本は 10 万米ドル以上で足りる（外国投資法 8 条）。

- 科学技術省が定める先端技術に関するものであること
- イノベーティブ・スタートアップ法に基づいて主管庁である貿易産業省、情報通信技術省または科学技術省からスタートアップまたはスタートアップ促進機関として承認されていること
- 15 人以上のフィリピン人を雇用し、かつ、従業員の過半数がフィリピン人であること

2.　小売事業

　外資企業が、フィリピンにおいて小売事業（Retail Trade）を営む現地法人に出資する場合、小売事業自由化法および小売事業自由化法施行細則が適用される。

（1）小売事業の定義

　小売事業は、直接公衆に対して消費のための商品等を販売する行為等をいう。ただし、以下の行為は小売事業には該当しない。

- 製造業者、加工業者、労務者等が自ら製造等を行った製品を公衆に販売する場合（ただし、当該業者の資本が 10 万ペソ以下の場合に限る。）
- 農家等がその作物を販売する場合
- ホテル等がそれに付随するレストランにおいて販売する場合
- フィリピンにおいて製造、加工、組立て等が行われた製品をその製造業者が単一の直販店で販売する場合
- 販売した製品を使用して公衆に対するサービスの提供を行う者、または、販売した製品を使用して製品の製造を行う者に対して販売する場合
- 政府機関または国有企業に対してのみ販売する場合

（2）外国小売業者の登録

　外国小売業者[7] が、フィリピンにおいて小売業を営み、または、小売業に投資する場合、以下の条件を満たす必要がある（小売事業自由化法施行細則3 章 1 条）。

- 払込資本額が 2,500 万ペソ以上であること
- 外国小売業者の本国がフィリピン人に対して小売事業を開放していること（相互主義）

---

7)　外国小売業者とは、発行済株式または議決権の 40％ 超を外国人が保有する会社等であり、小売業に従事しているものをいう（小売事業自由化法施行細則第 1 章 1 条（d）項）。

【図表 3-4　外国小売業者の業務】

外国小売業者の義務	概要
最低払込資本の維持	外国小売業者は、2,500 万ペソの払込資本を常時維持する必要がある。なお、当該払込資本は、店舗あたりの投資額に関する義務を遵守するための資産の購入に充てることができる。
店舗あたりの投資額	2 店舗以上の物理的な店舗を運営する外国小売業者は、1 店舗あたり 1,000 万ペソ以上の投資を行う必要がある。
定期報告	外国小売業者は、毎年、証券取引委員会または貿易産業省に対して、払込資本の維持または使用の状況、店舗の数および場所、店舗あたりの投資額、営業状況、フィリピン産の在庫の状況等を報告する必要がある。
記録の保存	外国小売業者は、証券取引委員会または貿易産業省の検査に備えて帳簿等を保存する必要がある。
フィリピン産製品の促進	外国小売業者は、フィリピン産の製品に関する店舗スペースの確保、フィリピン産の包装の使用、フィリピン産の材料の使用等を通じて、フィリピン産製品の促進をすることが推奨される。
店舗外での販売の禁止	外国小売業者は、移動店舗、販売員、訪問販売、レストラン、サリサリストア（sari-sari store）等の方法で店舗外で販売を行うことを禁止される。

　上記の条件を満たすことを示すため、外国小売業者は、最低払込資本額を払い込んだことを示す外貨送金に関する証明書、および、外国小売業者の本国の政府機関または大使館が発行する相互主義に関する証明書を証券取引委員会その他関連する当局に提出して外国小売業者の登録を行う必要がある（小売事業自由化法施行細則第 3 章 2 条）。

（3）外国小売業者の義務

　外国小売業者は、図表 3-4 の義務を遵守する必要がある（小売事業自由化法施行細則 5 章）。

Column　　**小売事業自由化法の外資規制の緩和**

【図表 3-5　2021 年小売事業自由化法の改正前後の状況】

	改正前	改正後
最低払込資本額	250 万米ドル	2,500 万ペソ
1 店舗あたり投資額	（原則） 1 店舗あたり 83 万米ドル （高級品の販売に特化） 1 店舗あたり 25 万米ドル	（2 店舗以上営業する場合） 1,000 万ペソ
外国小売業者の要件	・純資産額が 2 億米ドル以上（ただし、高級品等の販売に特化している場合は純資産 5,000 万米ドル以上） ・フィリピン国外で 5 以上の支社もしくはフランチャイズがあることまたは少なくとも 1 つ以上の支店において出資金が 2,500 万米ドル以上 ・小売業者として 5 年以上の実績 ・フィリピン人が小売事業に従事可能な国に所在（相互主義）	・フィリピン人が小売事業に従事可能な国に所在（相互主義）
株式公開要件	小売事業を営む現地法人に対する外資の出資比率が 80% を超える場合、事業開始から 8 年以内に最低 30% の株式を株式市場において公開する必要	撤廃

2021 年 12 月の小売事業自由化法の改正により、小売事業に関する外資規制が緩和された。改正前においても、外資企業がフィリピンで小売事業を行うことは認められていたが、厳しい要件が存在していた。投資委員会がホームページにおいて公表したリストによれば、小売事業自由化法が施行された 2000 年から 2016 年までの間において外国小売業者の登録を行った企業は 22 社にすぎない状況であった。

2021 年 12 月改正による主な変更点は図表 3-5 のとおりである。

図表 3-5 のとおり、改正前は、最低払込資本額は 250 万米ドル、1 店舗あたりの投資額は原則 83 万米ドルと、いずれも金額が大きく、そのため、外資企業は大型の小売店舗を除き、この金額要件を満たすことは難しい状況であった。改正後は、最低払込資本額と 1 店舗あたりの投資額のいずれも引き下げられたため、比較的規模の小さい小売店舗であっても営業することが可能となったといえる。

3. 土地と外資規制

（1） 土地の所有

フィリピンの土地を所有できるのは、フィリピン国民のみであり、外国人や外資企業は土地を所有することができない。また、外資企業がフィリピンの会社を通じて土地を所有する場合も、当該会社に対する出資比率は 40％以下とする必要がある。

この土地の所有に対する外資規制は、フィリピンで事業を行う外資企業の多くが関係する規制の 1 つである。例えば、外資企業の製造業者が、フィリピンに子会社を設立して工場を建設する場合、当該子会社が工場の土地を所有することはできない。

（2） 土地の賃借

土地の所有と異なり、外資企業であっても土地を賃借することは可能であ

る。

　もっとも、外資企業については、外国投資家リース法が適用され、土地の賃借の期間は原則 25 年間とされる。なお、工場の建設等の一定の目的のために賃借を行う場合には、貿易産業省に登録を行うことにより、賃借期間を 50 年まで延長することができる。いずれの場合であっても、賃借期間経過後は、更新によりさらに 25 年間まで延長することができる。

4.　公益事業および公共サービス

（1）公益事業の範囲

　公益事業（Public Utility）については、外資の出資比率は 40％ 以下とされている（現行憲法 12 章 11 条）。

　2022 年 3 月に改正された公共サービス法によれば、公共サービス[8] のうち、図表 3-6 に掲げる事業のみが外資規制の対象となる「公益事業」に該当する（ただし、国家経済開発庁は、一定の基準を満たす公共サービスについて、公益事業に追加するよう国会に提案することができる[9]（公共サービス法 13 条））。

　2022 年 3 月の公共サービス法の改正により公益事業の範囲が限定された結果、従前は公益事業に含まれると解されていた通信、海上輸送、航空輸送、

---

8)　なお、公共サービス法において、公共サービスは、運送、ガス、電気等の供給、排水、通信、放送等を含む公共サービスをいうとされている（公共サービス法 13 条(b)）。

9)　なお、公共サービス法施行細則は、国家経済開発庁が特定の事業を公益事業に追加するかを判断する際の要素として、(i)製品サービスがインフラストラクチャーネットワークを通じてのみ公共に提供されること、(ii)経済規模、高い固定費、産業および法規制を原因としない独占力に基づく自然独占（Natural Monopoly）があること、(iii)製品サービスが生命等に必要であること、および、(iv)製品サービスを常時供給することが求められることを定めている（公共サービス法施行細則 13 条）。

【図表 3-6　公益事業の範囲】

公益事業	概要
配電 (Distribution of Electricity)	2001 年電力事業改革法（Republic Act No.9136）4 条（n）が定義する配電システムを通じた配電施設による電力の輸送をいう。
送電 (Transmission of Electricity)	2001 年電力事業改革法（Republic Act No.9136）4 条（ccc）が定義する高圧基幹システムによる電力の輸送をいう。
石油等輸送システム (Petroleum and Petroleum Products Pipeline Transmission Systems)	公共に石油等を供給するためのパイプライン輸送システムの運営および維持をいう（私的な使用や別の事業に付随して運営されるものは除く。）。
配水・下水システム (Water Pipeline Distribution Systems and Wastewater Pipeline Systems, including sewerage pipeline systems)	Republic Act No. 6234 および Presidential Decree No. 198 により規制される公共の健康および安全のための配水・下水システムの運営および維持をいう（排泥や浄化槽は除く。）。
海港 (Seaports)	港湾庁（Philippine Ports Authority）等の関連行政庁が定義する、貨物の保管、修理または積み下ろし、乗客の乗降等の目的で船舶が停泊する場所の運営をいう。
公益性のある車両 (Public Utility Vehicles)^(注 1)	手数料を得て、公共に対して車両により乗客や国内貨物を運搬するサービスの提供をいう（ただし、輸送ネットワーク会社（transport network corporation）を通じて運営等されるものを除く。）。 ※輸送ネットワーク会社とは、配車アプリ等を提供する会社をいう。

（注 1）　なお、SEC-OGC Opinion によれば、フォワーディングについてもトラック輸送を含む場合には公益性のある車両に該当し、公益事業に該当する（SEC-OGC Opinion No. 23-03）。

鉄道、高速道路、輸送ネットワーク等の事業は、外資規制の対象となる公益事業から除外された。

（2）国家安全の観点からの M&A 等の停止措置

　上記（1）で述べたとおり、2022 年 3 月の公共サービス法の改正により公益事業の範囲が限定された結果、外資規制の対象とならない公共サービスの範囲が拡大することとなった。一方で、公益事業に該当しない公共サービスの中にも、国家安全の観点から重要となる事業も存在する。これらの事業については、緊急の場合には外資企業による当該事業の買収等を停止する必要がある。

　この観点から、改正後の公共サービス法および公共サービス法施行細則においては、フィリピン大統領に対し、国家安全の観点から、直接または間接に外資企業が公共サービスに対する支配（Control）を取得する M&A や投資を停止または禁止することができる権限が与えられている。

　M&A 等が停止または禁止の対象となるか否かの審査（National Security Review:「国家安全性の審査」）は、M&A 等の当事者が、契約締結の 30 日前までに政府当局に自主的に届出をする場合、または、政府当局が自発的に調査を実施する場合に開始される。当事者の届出により、国家安全性の審査が開始される場合、政府当局は、届出の受領から 30 日以内に初期的なリスクアセスメントを実施する。リスクアセスメントの結果、政府当局が国家安全性の観点から問題ないと判断した場合には、その旨を M&A 等の当事者に伝える。これに対し、政府当局が国家安全性の観点から問題があると判断した場合には、当該判断から 60 日以内に詳細な審査を行った上で、大統領に対して M&A の停止等を勧告する。大統領は、当該勧告を受領後 60 日以内に M&A 等の停止または禁止を行うことができる（公共サービス法施行細則 37 条）。M&A の当事者は、届出の前に、関連する政府当局に事前相談を行うこともできる（公共サービス法施行細則 42 条）。

　なお、国家安全性の審査は、(i)最高機密に分類される取引に従事する公共

サービスであるか、(ⅱ)軍に関係する製品、兵器、国防に影響する個人情報の保管等に関する公共サービスであるか、(ⅲ)軍の基地等の国家安全に重要な地域に位置する公共サービスであるか、(ⅳ)外資企業の性質、経歴、過去の取引、関係している訴訟の内容等が考慮される（公共サービス法施行細則 36 条）。

Column　　　　　　　　　　**公益事業と国家の安全**

　2019 年 11 月には、フィリピンの電力供給網が中国政府の支配下にあり、フィリピンと中国の間で紛争が発生した際には、中国により電力の供給が遮断されるリスクがあることが指摘された。この件においては、フィリピン全土で電力の送電事業を行っており、フィリピンの家庭の半数以上に電力を供給している NGCP（National Grid Corporation of the Philippines）の株式の 40% を中国の送電会社が保有しており、中国人技術者のみがシステムの主要素にアクセスでき、理論上は中国政府の指示によって遠隔で動作を停止させることも可能というリスクが指摘された。

　また、2021 年には、中国の電気通信会社が 40% 出資する Dito Telecommunity が、PLDT と Globe Telecom に続く第 3 の通信会社として携帯電話サービスを開始した。Dito Telecommunity の市場への参入は、寡占状態にあるフィリピンの通信市場において競争が促されることが期待される一方、中国企業の通信事業への関与に対する懸念の声もある。

　上記の NGCP と Dito Telecommunity のケースは、公共サービス法において M&A 等の停止措置の制度が設けられたことの背景となっている事案の 1 つであり、フィリピンの外資規制の緩和は、フィリピンの地政学的な状況と国家安全の観点から、複雑な問題を孕んでいることを示している。

5.　その他の外資規制

（1）マスメディア事業と広告事業

　マスメディア事業は外資企業の参入が禁止されており、外国人はマスメディア事業に出資することができない（現行憲法 16 章 11 条 1 項）。また、広告事業については、外資企業の出資比率は 30％ 以下とされている（現行憲法同章同条 2 項）。

　このようにマスメディア事業と広告事業は、いずれに該当するかによって外資企業の参入が許容されるかが異なるが、両者の境界は必ずしも明確ではない。例えば、広告事業を営む事業者が、顧客に看板等の広告スペースを提供する場合、広告事業とマスメディア事業のいずれに該当するかが問題となる。

　証券取引委員会のオピニオン[10] においては、マスメディア事業と広告事業は以下のように定義されている。この定義からすると、事業者が顧客に媒体を提供する等の場合には広くマスメディアに該当し、マスメディア事業の範囲が広く解されている。

マスメディア事業	大衆の考え方やライフスタイルに影響を与えるような情報を大衆に対して広めるものをいう。マスメディアには、テレビ、ラジオ、雑誌、映画、看板、ポスター、売り出し広告、チラシ、パンフレット、メール等を含み、インターネット等のオンラインメディアもマスメディアに該当する。
広告事業	広告主の商品やサービスの販売を促進するために使用する宣伝メッセージや材料の作成等をサポートする事業をいう。広告事業者は、宣伝のための媒体等を顧客に紹介することは可能だが、広告事業者自らが、大衆に対してメディアを使用して宣伝を行うことはできない。

---

10)　例えば、SEC-OGC Opinion No.18-21 等。

（2）教育機関

　教育機関[11] については、外資の出資比率は 40% 以下とされている（現行憲法 14 章 4 条 2 項）。また、教育機関の支配または管理はフィリピン人が行う必要があり、取締役はすべてフィリピン人とする必要がある。

　外資規制の対象となる教育には技術職業教育（technical vocational education）や研修プログラム（training program）も含まれる。証券取引委員会のオピニオンによれば、外国語教育についても、就職の際に使用できる修了証明書等が発行される場合には、外資規制の対象となる[12]。

　また、証券取引委員会のオピニオンの中には、フィリピン国外に在住する外国人を対象としたオンライン英会話教室であっても、修了証明書等が発行される場合には、教育機関の外資規制が適用されるとするものがある[13]。

（3）建設業

　フィリピンにおいて建設業に従事するためには、建設業免許委員会から免許を受ける必要がある。建設業免許委員会の発行する建設業の免許には、一般建設業の免許と特定の建設プロジェクトの実施のみが認められる特別建設業免許の 2 種類がある。

　このうち、一般建設業免許は、フィリピン人の個人事業体、または、フィリピン資本が 60% 以上のフィリピンの株式会社またはパートナーシップにのみ発行される[14]。そのため、原則として外資企業が 40% 超の資本を有する会社は一般建設業免許を取得することができない。この点について、

---

11)　宗教団体や宣教師により設立された教育機関、または、外交官やその扶養者その他一時的に居住する外国人のための機関を除く。

12)　SEC-OGC Opinion No.16-18、SEC-OGC Opinion No. 24-01 等

13)　SEC-OGC Opinion No.16-18

14)　フィリピンの建設業免許に関する規則（Rules and Regulations Governing Licensing of Constructors in the Philippines）

2020 年、フィリピンの最高裁判所は、一般建設業に関する外資規制は無効であり、別途法律で定める場合を除き外資企業による建設業の従事に関する規制を撤廃すべきである旨を判示した[15]。しかし、2024 年 6 月現在、外資規制の撤廃に関する最高裁判所の判断を執行するための法令やガイドラインは制定されていない。

なお、2016 年にフィリピン建設業免許法施行細則（Implementing Rules of the Philippine Contractor's License Law）が改正されて一般建設業付記免許（Regular License with Annotation）という新たな種類の免許が設けられた。一般建設業付記免許は、10 億フィリピンペソ以上の資本金を有しているフィリピン法人のみ取得可能で、同免許に基づき実施が認められるのは契約価格が一定規模以上（高層ビル等の建設事業の場合には最低 50 億ペソ以上、低層ビル等の建設事業の場合には最低 30 億ペソ以上）の事業のみという限定があるものの、その資本構成の如何にかかわらず（つまり外資持分の多寡にかかわらず）取得が可能である。

他方、特別建設業免許は、特定の建設事業に従事することを許可するものである。特別建設業免許は、合弁企業、コンソーシアム、外国建設業者またはプロジェクトオーナーに対して発行される。

Column　　　　　　　**憲法改正の動向**

　フィリピンの外資規制は現行憲法に規定されているものが少なくない。本章で説明した土地の所有、公益事業、マスメディア、広告、教育等の外資規制は、現行憲法に根拠規定がある。
　2024 年 8 月現在、現行憲法の外資規制条項の一部を緩和する法案が国会で審議されている。2024 年 3 月時点の法案（RBH No.7）によれば、緩

---

15)　PCAB v. Manila Water（G. R. No. 217590, March 10, 2020）

和の対象となっている分野は、公益事業、教育事業および広告事業の３つであり、このうち公益事業と広告事業は法律による外資規制の緩和を許容し、また、教育事業は外資規制の対象を基礎教育（Basic Education）に限定することが提案されている。

　一方、憲法改正に対する反対意見も少なくない。マルコス大統領が、外資規制の緩和とあわせて、大統領の任期（６年）を延長する改正の可能性も示唆していることが背景にある。現マルコス大統領の父親であるフェルディナンド・マルコス氏は、大統領の任期を延長することにより長期独裁政権を築いた。現行憲法はこの長期独裁政権への反省から大統領の任期を６年とし、再選を禁止している。また、フィリピンは隣国との領土紛争も抱えており、国家安全の観点から外資企業に対する警戒感もある。

　上記のように憲法改正にはさまざまな要因が関係しており、実際に憲法改正が実現するか、今後の動向に注目する必要がある。

第 4 章
M&A

I. はじめに

　フィリピンは、ここ数年 ASEAN の中でも高い経済成長率を記録している。また、フィリピンに対する国別投資額を見ると、日本からフィリピンへの投資額は着実に増加している。統計庁によれば、日本のフィリピンへの投資額は 2021 年以降 3 期連続で増加しており、この傾向は、外資規制の緩和、インフラ需要、所得の増加等を背景に今後も続くことが期待される。

　フィリピンにおける M&A に関係する主な法令は、改正会社法、証券規制法、外国投資法、競争法等である。このうち、外国投資法等の外資規制については第 3 章「外資規制」、および、競争法の企業結合届出については第 10 章「競争法」において紹介している。

　本章においては、フィリピンにおける M&A の主な手法である、(イ)既存株主からの株式の譲受け、(ロ)新規発行株式の引受け、(ハ)資産の譲受け、および(ニ)吸収合併・新設合併について紹介する。

II. 株式の譲受け

1. 株式の譲受けの手続

　フィリピンの株式会社の株式を譲り受ける場合、株券の引渡しまたは裏書によって当事者間において株式譲渡が有効となる。実務的には、株式譲渡契約のクロージング手続として、譲渡証書の締結および株券の引渡しまたは裏書が行われる。

　一方、当該株式譲渡が対象会社および第三者に対して有効になるためには、対象会社の株主名簿に当該株式譲渡の事実を記載する必要がある[1]。この株主名簿への記載は、クロージング日に行うことはできず、クロージング日か

ら数か月を要することもある。これは、株主名簿への記載を行うためには、株式譲渡に関する税金の支払を先行させなければならないことに理由がある。株式譲渡に際しては、印紙税（documentary stamp tax）、キャピタルゲイン税（capital gain tax）等を支払う必要があるが、株式譲渡を株主名簿へ記載するためには、内国歳入庁から納税証明書（Tax Clearance Certificate）、および電子登録資格証明書（Electronic Certificate Authorizing Registration）の発行を受け、対象会社に提出する必要があり、この手続に数か月を要することがある。

　クロージング日から株主名簿への記載に数か月を要することは、株式の譲受人が、クロージングから数か月の間、株主名簿上の株主となることができないことを意味する。この問題を解消するため、株式譲渡契約には一定のアレンジが必要となる。

2.　上場会社の株式の取得（公開買付け）

　フィリピンの上場会社の多くには、支配株主が存在する。公開買付けは、支配株主が上場子会社等の上場廃止を目的として実施されることが多い。

　また、フィリピン証券取引所（Philippine Stock Exchange）に上場している企業数は、2024 年 8 月時点で 373 社であり、公開買付けの件数も日本と比べて少ない。2023 年に実施された公開買付けは 4 件であり、いずれも上場会社の支配株主またはその関係者により実施された公開買付けである。また、そのうち 3 件は上場廃止を目的として実施されている。

（1）　強制的公開買付け

　上場会社等の公開会社[2]　の株式を取得しようとする者が単独または共同

---

1)　株主名簿には、株式譲渡の当事者、譲渡日、株券番号、譲渡株式数等が記載される。

【図表 4-1　2023 年に実施された公開買付け】

当事者	概要
公開買付者： SM Investments Corporation 対象会社： 2GO Group, Inc.	2GO Group, Inc. は、フィリピン最大のエンド・ツー・エンドの輸送・物流ソリューション・プロバイダーであり、公開買付者は、公開買付け開始時点における、対象会社の普通株式を約 53% 保有。公開買付者は、本公開買付けにより少数株主が保有する株式を取得し、対象会社は 2023 年 7 月 17 日に上場廃止。
公開買付者：Holderfin B. V. 対象会社： Holcim Philippines, Inc.	Holcim Philippines, Inc. は、フィリピンでセメント等の建築資材を販売している会社であり、公開買付者である Holderfin B. V. は、公開買付け開始時点において、そのグループ会社とあわせて対象会社の普通株式の約 94.95% を保有。公開買付け開始時点における対象会社の流通株式は、上場維持要件である 10% をすでに下回っていたが、公開買付者は、少数株主の利益保護の観点から 2 回の公開買付けを実施。対象会社は、2023 年 11 月 27 日に上場廃止。
公開買付者： Cemex Asian South East Corporation 対象会社： Cemex Holdings Philippines, Inc.	Cemex Holdings Philippines, Inc. は、セメント等を生産・販売している会社であり、公開買付者である Cemex Asian South East Corporation は、公開買付け開始時点において、対象会社の普通株式の約 77.9% を保有。公開買付者は、対象会社に対する支配力強化等を目的として公開買付けを実施し、公開買付けの結果、公開買付者は、対象会社の普通株式の 90% 弱を保有。対象会社は上場を維持。
公開買付者： GT Capital Holdings, Inc　その他 3 社 対象会社：Metro Pacific Investments Corporation	Metro Pacific Investments Corporation は、フィリピンの総合インフラ会社であり、公開買付者は、公開買付け開始時点において対象会社の株式の約 63% を保有。公開買付者は、対象会社の上場廃止等を目的として公開買付けを実施。対象会社は 2023 年 10 月 9 日に上場廃止。

で公開会社の株式の取得を行う場合であって、以下に該当するときは、公開
買付けの実施が強制される（mandatory tender offer。2015証券規制法施行細
則19.2)[3]。強制的公開買付けが必要とされる株式取得は、公開買付けの終
了前に実行することはできない。

［公開買付けが必要となる場合］

- 公開会社の発行済株式数の35％以上の株式または取締役会を支配す
  るのに十分な発行済株式を1回もしくは12か月以内の複数の取引に
  より取得する場合または株主から取得する場合、または、
- 35％未満の株式取得であって、取得の結果、取得者の株式保有割合
  が公開会社の発行済株式数の50％を超える場合

　上記に該当する場合であっても、以下のいずれかに該当する場合には、強
制的公開買付義務は免除される（2015証券規制法施行細則19.3.1)。

［公開買付けが免除される場合］

- 授権資本株式の枠内での新株発行の引受け（ただし、引受けによって、
  取得者の株式保有割合が当該新株発行後の発行済株式数の50％を超える
  場合または取締役会を支配するのに十分な株式保有割合となる場合を除く）
- 授権資本株式の増加を伴う新株発行の引受け

---

2) 公開会社は、(イ)発行する有価証券が証券取引所（フィリピン証券取引所に限らず、
　外国の証券取引所を含む。）に上場され、または(ロ)資産が5,000万ペソを超え、かつ、
　発行する株式等を100単位以上保有する者が200名以上存在する会社をいう（2015
　証券規制法施行細則3.1.16)。

3) なお、公開会社の株式の15％以上を1回または12か月以内の複数の取引により取
　得する場合は、強制的公開買付けに該当しない場合であっても、証券取引委員会に申告
　する必要がある（2015証券規制法施行細則19.2.1)。

・適式に設定された担保権の実行に伴う取得

・フィリピン政府が実施する民営化に伴う取得

・裁判所の監督下での会社更生に関連した取得

・市場を通じた取得

・吸収合併または新設合併に伴う取得

なお、買付者が強制的公開買付けの要件を満たすにもかかわらず、公開買付手続を経ずに公開会社の株式を取得した場合、証券取引委員会は訴えに基づき、当該株式取得を 2015 証券規制法施行細則に違反するものとして無効とし、改めて公開買付手続を行うよう命じることができる（2015 証券規制法施行細則 19.13）。

（2）任意的公開買付け

強制的公開買付けの義務が発生しない場合であっても、少数株主から広く株式を取得することを目的として、任意で公開買付け（voluntary tender offer）を行うことができる。ただし、任意的公開買付けの場合であっても、強制的公開買付けと同様の手続的規制に服すると解されている。

（3）公開買付けの条件

①部分的公開買付け／全部買付義務

買付者は、買付後の株式保有割合が発行済株式の 50％ を超えない範囲において、買付予定株式数の上限を設定して部分的公開買付けを行うことができる。部分的公開買付けにおいて買付予定株式数を上回る数の株式の応募があった場合には、買付者は、公開買付期間中に株主から応募のあった株式について、買付予定株式数に至るまで、応募株主から按分比例により買い付けなければならない（2015 証券規制法施行細則 19.2.2）。

一方、買付後の買付者の株式保有割合が発行済株式の 50％ を超える場合には、買付者はすべての応募株式を買い付ける義務を負う（2015 証券規制

法施行細則 19.2.5)。

②公開買付価格

公開買付価格は、以下の条件を遵守する必要がある。

- 買付価格はすべての応募株主に対して均一でなければならない（2015 証券規制法施行細則 19.9.8.2、19.9.6)。
- 買付後の株式保有割合が発行済株式の 50% を超える場合には、買付価格について、独立したフィナンシャルアドバイザー等のフェアネス・オピニオンを取得する必要がある（2015 証券規制法施行細則 19.2.5)。
- 強制的公開買付けの場合の買付価格は、買付者が過去 6 か月間に対象会社の株式に対して支払った価格のうち、最も高い価格としなければならない（2015 証券規制法施行細則 19.9.2)。
- 有価証券を公開買付けの対価とする場合、当該有価証券の価格は公正に評価されなければならない（2015 証券規制法施行細則 19.9.2)。

③公開買付期間

公開買付期間は、原則として買付けの開始から 20 営業日以上、買付けの意図が公表された日から 60 営業日以内で設定しなければならない（2015 証券規制法施行細則 19.9.1.1)。買付予定株式数、買付価格等の変更を行った場合、当該変更の通知の日から少なくとも 10 営業日の間は公開買付けを継続しなければならない（2015 証券規制法施行細則 19.9.1.2)。

なお、買付者は、当初の買付期間満了前に、証券取引委員会の事前の許可を得て、プレスリリースそのほかの公表手段による通知を行うことによって、公開買付期間を延長することができる（2015 証券規制法施行細則 19.9.9)。公開買付期間延長の通知においては、通知日時点における応募株式数を開示する必要がある（同項)。

④公開買付け成立の条件

公開買付けの成立に一定の条件を付すことの可否について、証券規制法等

において、明確な規定は設けられていない。そのため、公開買付けの成立に
条件を設定する際は、証券取引委員会等と事前相談を行うことが望ましい。

　⑤公開買付けの撤回

　公開買付けの撤回の可否、時期、方法等について証券規制法等において、
明確な規定は設けられていない。そのため、公開買付けの撤回を検討する場
合は証券取引委員会等と事前相談を行うことが望ましい。

　なお、公開買付けの撤回を行った場合、買付者は撤回後 10 営業日以内に
応募株式を返還しなければならない（2015 証券規制法施行細則 19.9.7）。ま
た、撤回から 6 か月間、対象会社に対する新たな公開買付け、および強制
的公開買付けの実施が義務付けられる株式取得を行うことはできない
（2015 証券規制法施行細則 19.11）。

　一方、株主は、公開買付期間中、および買付者による応募の受諾前の場合、
公開買付けの開始から 60 営業日後以降であればいつでも応募を撤回するこ
とができる（2015 証券規制法施行細則 19.9.4）。

（4）公開買付けの手続

①公開買付けの公表

　買付者は、強制的公開買付けが義務付けられる株式の取得に関する交渉に
ついて取締役会が決定してから 5 営業日以内、または公開買付けの開始の
30 営業日前に、対象会社の株式を取得する意図について、フィリピンにお
いて一般に流通している新聞に公表を行い、同日中に証券取引委員会に対し
て当該公表文の写しを提出しなければならない（2015 証券規制法施行細則
19.5）。買付者は、上記公表の時点において、公開買付けの実行に必要な資
金を確保している必要がある（同項）。

②公開買付届出書の提出

　買付者は、公開買付届出書および付属資料を証券取引委員会、対象会社お
よびフィリピン証券取引所（フィリピン証券取引所に上場している株式の公開
買付けの場合）に提出する必要がある（2015 証券規制法施行細則 19.6）。

【図表 4-2　公開買付けの流れ】

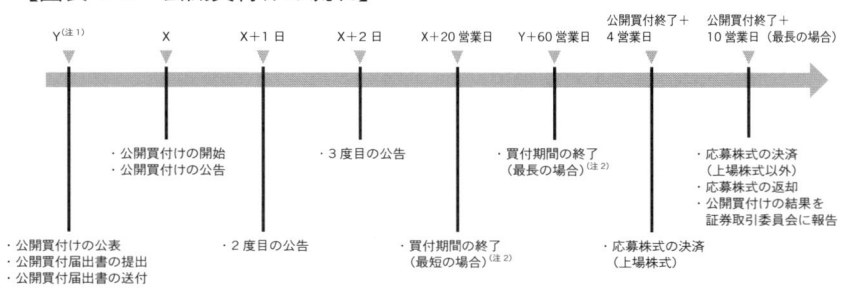

(注 1) Y は、「強制的公開買付けが義務付けられる株式の取得に関する交渉を取締役会が決定してから 5 営業日以内、または公開貸付けの開始の 30 営業日前」を意味する。

　公開買付届出書には、買付者および対象会社に関する情報、取得の対象となる株式等、公開買付けの対価の種類および価額、公開買付期間、公開買付けの目的ならびにそのほかの公開買付けの条件等につき、具体的な情報を記載する必要がある（2015 証券規制法施行細則 19.7.1）。また、上記の付属資料として、(イ)すべての重要な買付条件を記載した正式な買付申込書、(ロ)株式等の買付者または買付者の受託者（depository）への譲渡方法を記載したレター（transmittal letter）、ならびに(ハ)当該公開買付けに関連して、買付者が公表し、または株主等に送付したプレスリリース、広告、レターおよびそのほかの文書の提出が求められる（2015 証券規制法施行細則 19.1.9）。

　③公開買付公告

　買付者は、公開買付開始日およびその後 2 日間にわたり、フィリピンにおいて一般に流通している新聞 2 紙に、公開買付けの期間および条件について公告を行う必要がある（2015 証券規制法施行細則 19.8.1）。

　買付者は、公告または株主に通知した情報に重要な変更が生じた場合、速やかに当該変更について合理的な方法で株主に通知しなければならない（2015 証券規制法施行細則 19.8.2）。

④公開買付けの終了

買付者は、買付終了日から 10 営業日後までに証券取引委員会に修正公開買付届出書を提出して公開買付けの結果を報告しなければならない（2015 証券規制法施行細則 19.6.3）。また、公開買付者は、買付終了日より 10 営業日以内に、公開買付けの対価を支払わなければならない（2015 証券規制法施行細則 19.9.7。ただし、上場株式の公開買付けの場合には買付終了日から 4 営業日以内である。）。

（5）非上場化

フィリピン証券取引所の上場会社が以下のすべての条件を充足し、かつ上場廃止によって投資家の利益が害されないとフィリピン証券取引所が判断した場合、上場会社の申請により、上場廃止が行われる（フィリピン証券取引所の Rules on Delisting）。

［申請による上場廃止の要件］

- 上場会社の現取締役の過半数が、上場廃止に賛成したこと
- 上場廃止の申請に先立って、会社の全株主に対して上場廃止の提案を、フィリピン証券取引所の満足する形式で通知したこと
- 上場廃止の効力発生日より 60 日以上前までに、提案された公開買付けの条件とともに、上場廃止の申請をフィリピン証券取引所に提出したこと
- 株主名簿上の全株主に対して公開買付けが行われ、上場会社が当該公開買付けの条件が経済的観点から公平であることを示したフェアネス・オピニオンまたは株価算定報告書をフィリピン証券取引所に提出したこと
- 上場廃止の提案者が、公開買付後に対象会社の発行済株式の 95％ 以上を取得していること

・上場廃止を申請する上場会社について未払いの手数料および罰金がな
いこと

III.　新規発行株式の引受け

1.　株式発行の手続

　株式会社が新規に株式を発行する場合、(イ)授権資本株式の枠内で新株を発行する場合と(ロ)授権資本株式の増加を伴う新株発行の 2 つがあり、それぞれ以下の手続が必要となる。

　(イ)未発行の授権資本株式の枠内で新株を発行する場合、株主総会決議は不要であり、取締役会決議により発行できる。

　これに対し、(ロ)授権資本株式の増加を伴う新株発行の場合、設立定款（Articles of Incorporation）の変更が必要となる。設立定款を変更するためには、取締役会決議、株主総会の特別決議、および証券取引委員会の承認が必要となる（改正会社法 15 条・37 条）。なお、これに反対する株主には株式買取請求権が認められる。設立定款変更の効力は、証券取引委員会の承認があった時点、または会社の責めに帰さない事由により証券取引委員会が何らの行為も行わなかった場合には、承認申請時から 6 か月を経過した時点で発生する（同法 15 条）。

　授権資本株式の増加の際、少なくとも増加資本株式の 25% に相当する株式を引き受ける必要があり、引き受けた株式の価額の 25% について出資の払込みが必要とされる（同法 37 条）。

　上記に対し、対象会社が保有する自己株式を処分する場合、当該処分は取締役会によって決定された合理的な価格によって行い、新株発行に関する規制は適用されない（改正会社法 9 条）。

　なお、新株発行を通じて対象会社の株式を取得する場合、以下の場合を除き、すべての既存株主が、保有株式数に応じて新株引受権（preemptive right）を有する（改正会社法 38 条）。

- 設立定款で新株引受権が排除されている場合
- 当該株式が、法令上、公募増資または最低浮動株比率の維持が要請される際に発行される場合
- 当該株式が、会社の目的のために必要な資産の取得の対価として、または既存の契約上の債務の返済に充てるために、発行済株式の 3 分の 2 以上の株主の賛成を得た上で発行される場合

2.　払込価格

　改正会社法上、株式の額面価格（par value）を下回る価格で新株発行を行うことは認められていない。額面価格を下回る価格で新株発行を決議した取締役会において、額面価格を下回ることを知った上で異議を述べなかった取締役は、額面価格と発行価格の差額分について、発行会社、株主および債権者に対し損害を賠償する責任を負う（改正会社法 64 条）。

　株式を無額面で発行することも認められる。無額面株式の発行の場合、発行価格は、設立定款で定めた価格または設立定款もしくは付属定款で授権された取締役会が定めた価格となる。これらの価格がない場合には、株主総会の普通決議で発行価格を定める（改正会社法 61 条）。

　なお、現金以外の財産で払込みを行う現物出資も認められているが、現物出資の場合には、証券取引委員会の承認が必要となる（改正会社法 61 条）。

3.　株式の種類

　株式会社は、普通株式だけでなく、議決権や配当の分配等について普通株

式とは異なる内容を定めた種類株式を発行することも可能である。ただし、優先株式や償還株式の場合を除いて、無議決権株式とすることはできない。また、すべての株式を無議決権株式とすることもできない（改正会社法 6 条）。

　なお、無議決権株式であっても、以下の事項については、議決権を行使できる。

- 設立定款の変更
- 付属定款の制定または変更
- すべてまたは実質的にすべての資産の売却、賃貸、交換、担保権設定（mortgage または pledge）そのほかの処分
- 社債の発行等
- 授権資本株式の増加または減少
- 吸収合併または新設合併
- 改正会社法に基づくほかの会社または事業への投資
- 解散

　優先株式は、配当や残余財産の分配等について、普通株式に優先する株式であり、累積型と非累積型、参加型と非参加型等のバリエーションが存在する。優先株式は額面株式である必要がある（改正会社法 6 条）。

　償還株式は、一定の期間の経過等の特定の条件が満たされた場合に、株式会社が株主から当該株式を買い取る株式である。なお、当該買取りの際無限定の剰余金（unrestricted retained earnings）は不要である（改正会社法 8 条）[4]。

---

4)　ただし、証券取引委員会のオピニオンによれば、償還の実行は、会社の債権者を保護する観点から、償還後の会社の資産が債務を返済するのに十分であることが必要である（SEC-OGC Opinion No. 22-01）。

Column　　　自己株式（Treasury Shares）

　会社は、自らが発行した株式を自己株式として取得することが可能である。ただし、自己株式の取得は、無限定の剰余金の範囲内で実施する必要があり、また、当該取得には、以下の場合を含む正当な理由が必要である（改正会社法 40 条）。なお、以下の法定の取得事由は、限定列挙ではなく、以下に該当しない場合であっても、正当な理由がある場合には自己株式の取得が認められると解されている。

- 株式配当の結果発生した端数株式を消却する場合
- 会社に対する債務を履行する場合（株式引受債務が履行されていない株式の取得）
- 反対株主の買取請求に応じる場合

　なお、自己株式は議決権を有しておらず、また、配当を受領する権利や新株引受権（preemptive right）も有しない。

4．上場会社における新株発行

　上場会社の場合、設立定款で新株引受権を排除していることが通常である。また、公開会社においては、上記Ⅱ．2．（1）のとおり、強制的公開買付けの対象となる取引は、発行済株式の取得に限定されておらず、授権資本株式の枠内の新株発行の引受けの場合であっても、引受後の取得者の株式保有割合が新株発行後の総株式数の 50% を超えるときや取締役会を支配するのに十分な株式保有割合となるときは、強制的公開買付けが必要となる（2015証券規制法施行細則 19.3.1.1）。

　さらに、上場会社が、1 回または最初の公表から 12 か月以内の複数の取引により、既発行株式の 10% 以上 35% 以下の議決権付株式を特定の者に

発行する場合、追加上場に関するフィリピン証券取引所の規則が適用され、当該新株発行には株主総会決議が必要となる。また、当該新株発行において関連当事者が引受人となる場合、ライツ・オファリング、もしくはパブリック・オファリングを先に実行する必要がある[5]（フィリピン証券取引所の Consolidated Listing and Disclosure Rules）。

IV.　資産譲渡

1.　資産譲渡の手続

　会社は、取締役会の決議により、その資産を譲渡することができる。ただし、会社のすべてまたは実質的にすべての資産（のれんを含む）の譲渡には、株主総会の特別決議による承認が必要となる（改正会社法 39 条）。

　譲渡する資産が、会社のすべてまたは実質的にすべての資産に該当するかは、会社の最新の計算書類で判断される。また、資産の譲渡によって会社の事業継続または事業目的の達成が不可能となる場合、当該譲渡は会社の資産の実質的にすべての譲渡とみなされる。会社のすべてまたは実質的にすべての資産の譲渡を行う場合、株主に対する通知が必要となり、資産譲渡に反対する株主は、会社に対して保有する株式を公正な価格で買い取るよう要求することができる（株式買取請求権、同法 39 条・80 条）。

　資産譲渡を行う場合、会社と譲受人との間で、資産譲渡契約および譲渡証書が締結される。また、登記または登録が必要な資産（土地、コンドミニア

---

5)　ただし、(イ)新株発行の引受価格が市場価格にプレミアムを付けた価格である場合、(ロ)ライツ・オファリング、もしくはパブリック・オファリングを行わないことについて株主総会の決議を得ている場合、または、(ハ)上場会社が倒産手続中である場合には、ライツ・オファリング、もしくはパブリック・オファリングを先に実行する必要はない（フィリピン証券取引所の Consolidated Listing and Disclosure Rules）。

ムのユニット等）の譲渡については当該登記または登録のために電子登録資
格証明書が必要になる。

2．バルクセールス法

　㋑商品、備品、製品、食糧または原材料、㋺すべてまたは実質的にすべて
の事業、㋩事業で使用されるすべてまたは実質的にすべての設備・備品につ
いて、売却、移転、担保権設定、または譲渡が行われる場合（ただし、㋑に
ついては、日常的取引・通常業務の範囲に属さない場合に限られる）、バルク
セールス法が適用される（バルクセールス法２条）。債権者が書面により適用を
放棄した場合、当該取引は、バルクセールス法の適用対象外となる（同法２
条ただし書）。
　バルクセールス法が適用される場合、上記の譲渡等を行う者は、譲渡等の
代金を受領する前に、自らが負担している債務に関するすべての債権者の名
前、住所、債務額等を記載した書面を譲受人に提出するとともに、当局に登
録しなければならない（同法３条・９条）。また、上記の譲渡等を行う者は、
数量および原価を記載した資産のリストを作成・保管するとともに、債権者
に対し、譲渡等が実行される日の10日前までに、取引の対価および条件を
通知しなければならない（同法５条）。さらに、当該資産譲渡等により受領
した代金を債権者に支払わなければならない（同法４条）。
　バルクセールス法に違反する取引は無効とされるほか（同条）、同法に違
反して譲渡等を行った者は刑事罰の対象となる（同法４条・11条）。

Ｖ．吸収合併／新設合併

　会社が吸収合併・新設合併を行う場合、合併計画について、当事者となる
会社の取締役会決議および株主総会の特別決議による承認が必要となる（合

併計画の変更についても同様。改正会社法 75 条・76 条）。合併計画には、(イ)吸収合併または新設合併の当事会社の名称、(ロ)吸収合併または新設合併の条件および実行方法、(ハ)存続会社の定款変更に関する記載（吸収合併の場合）または新設会社の定款の記載事項に関する記載（新設合併の場合）、ならびに(ニ)そのほか吸収合併または新設合併に関して必要または望ましい事項を記載するものとされる（改正会社法 75 条）。

　また、合併の当事者間で締結される合併契約（Articles of merger/consolidation）には、以下の事項を定める必要がある（改正会社法 77 条）。

- 合併計画
- 合併に賛成した株式数および反対した株式数
- 合併の当事会社の資産および債務の簿価および公正な価格
- 合併の際に使用される会計方法
- 合併後の価値の試算
- そのほか証券取引委員会が定める情報

　合併計画および合併契約は証券取引委員会に提出する必要がある。証券取引委員会は、当該合併が改正会社法等に違反しないことを確認した場合、当該合併を承認する証明書を発行し、当該証明書の発行を条件として合併の効力が生じる（同法 78 条）。なお、合併に反対する株主は株式買取請求権を有し、保有株式を公正な価格で買い取ることを要求することができる（同法 76 条・80 条）。

第 5 章
会社法

Chapter 5

I. 会社の種類

1. 株式会社と非株式会社

　日系企業のフィリピン子会社において一般に利用される会社の形態は、株式会社（stock corporation）である。株式会社は「株式の形に分割された資本を有し、かかる株式の保有者に、保有株式に応じて、配当または剰余金の割当てを分配する権限を有する会社」と定義される（改正会社法3条）。株式会社は株主から独立した法人格を有し、株主はその出資した額に限定された有限責任を負う。なお、株式会社の存続期間は、設立定款（Articles of Incorporation）に別途規定しない限り、無期限となる（改正会社法11条）[1]。

　これに対し、改正会社法における株式会社以外の会社形態としては、非株式会社（non-stock corporation）もある（改正会社法3条）。非株式会社は、原則として、構成員（member）、受託者（trustee）またはオフィサーに対して利益を配当することができない（改正会社法86条）。非株式会社の構成員としての資格および権利は、設立定款または付属定款（Bylaws）で規定する場合を除き、譲渡することはできない（改正会社法89条）。非株式会社の事業活動および資産の管理は、構成員の中から選任される受託者が行う（改正会社法91条）。また、非株式会社のオフィサーは、構成員が直接選任する。

2. 閉鎖会社

　株式会社のうち、設立定款において㈵株主の数が20名を超えない一定の

---

1) なお、2019年2月23日に施行された改正会社法の施行前は、会社の存続期間は最長50年とされていた。改正会社法の施行時点で設立されている会社については、発行済株式の議決権の過半数の決議を行ったうえで、証券取引委員会に対して存続期間を維持することを通知しない限り自動的に存続期間は無期限となる（改正会社法11条）。

人数に限定されること、(ロ)発行済株式について一定の譲渡制限が課せられて
いること、および(ハ)当該会社が上場または株式の公募を行わないことを規定
している会社は、閉鎖会社（close corporation（改正会社法 95 条））に該当す
る。ただし、この要件を満たす会社であっても、議決権の 3 分の 2 以上を
閉鎖会社以外の会社により保有または支配されている場合には、閉鎖会社と
なることはできない。また、鉱業・石油業を営む会社、証券取引所、銀行、
保険会社、教育機関等も閉鎖会社として設立することができない。

　閉鎖会社においては、所有と経営の分離の程度が低いことを前提とする特
別な規定をおくことができる[2]。

3.　一人会社

　一人会社（one person corporation）は株主が一人の株式会社である（改正
会社法 115 条以下）[3]。一人会社においては、社名、定款、取締役等について
特別の規制が適用されるが、一人会社の株主は、自然人等に限定されており
（改正会社法 116 条）、法人が株主になることはできない。

　一般的な株式会社と一人会社の主な相違点は、図表 5-1 のとおりである。

4.　公開会社・報告義務会社

　株式会社のうち、一定の要件を満たす会社は、公開会社または報告義務会
社として、証券規制法の適用対象となる。

---

2)　例えば、閉鎖会社においては、設立定款にその旨を規定することにより、会社の業
　務運営を、取締役会ではなく株主が行うことができる（改正会社法 96 条）。
3)　なお、一人会社以外の会社は、株主の人数は最低 2 名とされる（SEC Memorandum
　Circular No. 16, series of 2019）。

【図表 5-1　一般的な株式会社と一人会社の主な相違点】

	一般的な株式会社	一人会社
株主	●株主は自然人、法人いずれも可能	●株主は自然人等に限定（法人は不可） ●銀行、ノンバンク保険会社、上場会社等は一人会社として設立不可 ●別途法令等により許容されている場合を除き、専門業務を行う会社も一人会社として設立不可 ●株主は 1 名のみ
必要な定款	●設立定款 ●付属定款	●設立定款のみ
所有と経営の分離	所有と経営は分離（ただし、取締役は最低 1 株保有する必要）	●1 人株主が、単独の取締役かつ、President を兼任 ●1 人株主が財務役を務めることも可能だが、秘書役を務めることは不可
株主の責任	有限責任	一人会社の資産が株主の資産から独立していることを証明できない場合には、一人会社の債務について、株主は連帯して責任を負う。

（1）公開会社

　株式会社のうち、①発行する有価証券が証券取引所（フィリピンの証券取引所に限らず、外国の証券取引所を含む）に上場されているか、または②資産が 5,000 万ペソを超え、かつ、発行する株式等を 100 単位以上保有する者が 200 名以上存在する会社は、公開会社（public company）とされる（2015証券規制法施行細則 3.1.16）。公開会社は証券規制法における公開買付義務およびその他の規制の対象となる（同施行細則 19.2）。

（2）報告義務会社

　公開会社、または発行する有価証券の売却につき証券取引委員会に登録を
行った会社は、報告義務会社（reporting company（2015 証券規制法施行細則
3.1.19））に該当し、原則として継続開示や適時開示の義務を負う（同細則
17.1）。

II.　株式会社の設立

1.　設立手続の概要

　フィリピンで株式会社を設立するためには、証券取引委員会への登録が必
要となる。証券取引委員会へ登録を行う際には、設立定款、付属定款、社名
確認書（Name Verification Slip）[4]、所定の申請書、銀行、保険会社等の一部
の事業については関係当局の承認等の書類を提出する必要がある。また、証
券取引委員会への登録費用や新株発行にかかる印紙税を支払う必要がある。
証券取引委員会が設立を承認すると、設立証書（Certificate of Incorporation）
が発行される。
　また、証券取引委員会への登録が完了した後、地方自治体の手続（行政の
区画であるバランガイからの許可証、事業許可証等）、中央銀行における外国投
資としての登録手続[5]、内国歳入庁における手続（納税者登録等）、社会保険
関連の手続が必要となる。また、その他に事業に応じて必要な許認可の取得

4）　社名については、すでに登録されているものと同一または類似の社名、法令等に違
　　反する社名等を使用することはできず、設立前に証券取引委員会から使用許可を取得す
　　る必要がある（改正会社法 18 条）。
5）　中央銀行への登録は、株主たる外資企業に対して出資の払戻しや配当金の支払のた
　　めの外貨を調達するために必要となる。

も必要となる。

2. 株式会社の定款

　株式会社は、その根本規範として定款を定める必要がある。定款には、設立定款と付属定款がある。

(1) 設立定款

　設立定款には、会社の名称、目的、所在地および存続期間（存続期間を定める場合）、発起人の氏名、国籍および住所、取締役の数、氏名、国籍および住所、授権資本額、株式数、株式の額面額、株式引受人の氏名、国籍、住所および引受額ならびに払込額等の会社の基本的事項が規定される（改正会社法 13 条）。設立定款は証券取引委員会に登録する必要がある。

　設立定款を改正する場合、取締役会の決議と株主総会の決議（発行済株式の 3 分の 2 の賛成）および証券取引委員会の承認が必要となる（改正会社法 15 条）。

(2) 付属定款

　付属定款には、株主総会に関する事項（招集手続、定足数、代理人による議決権行使等）、取締役に関する事項（取締役の選任、報酬等）、オフィサーに関する事項等が規定される（改正会社法 46 条）。付属定款は証券取引委員会に登録する必要がある。

　付属定款を改正する場合、取締役会の決議と株主総会の決議（発行済株式の過半数の賛成）が必要となる。改正後の付属定款は、証券取引委員会に登録することが必要である（改正会社法 47 条）。

> ### Column　　改正会社法による設立実務への影響
>
> 　2019 年 2 月に施行された改正会社法は、株式会社の設立実務に以下の影響を及ぼしている。
>
> 　まず、発起人について、改正会社法の施行前は、(i)発起人は自然人であること、(ii)発起人は 5 人以上であること、(iii)発起人の過半数はフィリピン居住者であることが要求されていた。外資企業が、発起人 5 人のうち過半数である 3 人についてフィリピン居住者を自ら用意することは簡単ではなく、これらの発起人に関する要件は、外資企業がフィリピンに子会社を設立する際に支障となるものであった。改正会社法においては、これらの要件はいずれも撤廃されている。
>
> 　次に、設立時の株式について、改正会社法の施行前は、設立時の授権資本株式の 25% 以上が引き受けられること、および、引受株式の 25% 以上が払い込まれることが要求されていた。例えば、不動産開発プロジェクト等の大規模な投資を開発のステップに応じて段階的に行うことが想定されるケースであっても、改正会社法の施行前は、上記の規制から、当初より大きい授権資本株式を規定した場合、それに応じた一定の払込金額が当初段階より必要とされた。そのため、実際の資金需要に合わせた段階的な投資を実現するためには、当初の授権資本額は小さく定めた上で、追加投資を行う際に授権資本株式を増額することが必要であった。改正会社法においては、これらの規制は撤廃されており、設立時の株式について、より柔軟に定めることが可能となっている。

III.　株式

1.　株式の発行・引受け

　適法に発行された株式は引き受けることにより株主としての権利が発生す

る。改正会社法 71 条は、株式の引受人は、払込みを完了していない場合で
あっても株主としての権利を有する旨を規定する。

　株式を引き受けたにもかかわらず払込みを行わない者は、株式引受契約に
基づいて、未払いの払込金額と当該払込金額に関する利息を会社に対して支
払う義務を負う（改正会社法 65 条）。払込期日から 30 日以内に払込みが行
われない場合には、当該株式は不履行株式（Delinquent Share）となり、払込
み（未払いの金額に対する利息の支払を含む。）が行われるまでの間、議決権の
行使を含む株主権の行使が停止される（ただし、配当を受領する権利を除く[6]。
改正会社法 70 条）。また、取締役会は、不履行株式を競売により売却する
ことができる（改正会社法 67 条）。

　額面（par value）のある株式の場合、株式引受けの対価は、額面価格以上
である必要がある。なお、株式引受けの対価は現金である必要はなく、有形
または無形の資産、労務の提供、発行会社が負担する債務、他の会社の株式
等とすることも可能である。ただし、株式引受の対価が現金以外である場合、
当該資産の価値について証券取引委員会の承認を得る必要がある（改正会社
法 61 条）[7]。

2.　株券

　株式については株券が発行される。株主が株券の発行を受けるためには、
株式の引受価格をすべて払い込む必要がある（改正会社法 63 条）。

6）　ただし、当該株主に対する配当金は、未払いの払込金額、利息等の支払に優先的に
　　充当され、また、当該株主は株式配当を受領できない（改正会社法 42 条）。
7）　なお、株式引受けの対価である資産が、株式の発行価格を下回る場合には、当該株
　　式の発行に賛成し、または、対価が不十分であることを認識したにもかかわらず異議を
　　述べなかった取締役またはオフィサーは、会社または債権者に対し、発行価格と当該資
　　産の差額について、当該株式を引き受けた株主と連帯して責任を負う（改正会社法 64
　　条）。

　株券を紛失した場合には、株券を所持していた株主は、紛失した旨を会社に届け出る必要がある。当該届出を受領した会社は、1年以内に異議がない場合は既存の株券が効力を失う旨の新聞公告を行った後、1年以内に異議がない場合には、新しい株券を発行する。なお、株券紛失の届出を行った株主が担保を差し入れた場合には、1年経過前に新株券を発行することもできる（改正会社法72条）。

3.　株主名簿

　株主名簿（Stock and Transfer Book）には、株主の氏名、払込額、株式の譲渡日等を記載する。作成された株主名簿は会社の本店または株主名簿代理人において保管する必要があり、取締役または株主は営業時間内に株主名簿を閲覧することができる（改正会社法73条）。

　株式の譲渡は、株主名簿への登録をもって会社および第三者に対する効力を生ずる（改正会社法62条）。なお、株主名簿は、株主の情報に関する最も重要な証拠であり、株主の情報に関する証拠価値において一般情報シート（General Information Sheet）に優先すると解される。

4.　株主の権利

（1）議決権

　株主は、株主総会において議決権を行使する権利を有する（ただし、会社が保有する自己株式は議決権を有しない（改正会社法56条））。

　議決権は、株主自らが株主総会において行使するか、委任状により代理人が行使する方法がある。また、付属定款の規定または取締役の過半数の決議に基づいて、遠隔地から、Web会議や電話会議の方法により議決権を行使をすることも可能である（改正会社法49条、57条）。

　なお、種類株のうち、優先株式や償還株式については、無議決権株式とすることも可能である。ただし、その場合でも、無議決権株式の株主は、一定の重要事項[8)] については議決権を有する（改正会社法 6 条）。

（2）配当を受領する権利および残余財産の分配を受ける権利

　株主は、配当を受領する権利を有する。現金配当は、取締役会決議に基いて行われる。株主に対する配当は、無制限の利益剰余金（unrestricted retained earnings）を原資として行う必要がある。

　現金配当以外にも、株式配当や現物配当を行うことも可能である。ただし、株式配当を行う場合には、株主総会において発行済株式の 3 分の 2 以上を保有する株主の賛成が必要となる（改正会社法 42 条）。

　なお、会社は、取締役会の承認を受けた特定のプロジェクトのために使用する場合、金融機関等とのローン契約により配当が禁止される場合、または将来の不測の事態のために備える必要がある場合を除いて、払込資本の 100% を超えて利益剰余金を維持してはならない（改正会社法 42 条）。これに違反した場合、利益剰余金のうち払込資本を超える額の 0.1%（ただし、200 ペソ以上 10,000 ペソ以下とする。）の制裁金等が課される。

　また、株主は、会社の解散の際、会社がすべての債務を弁済した後に残る資産の分配を受ける権利を有する（改正会社法 139 条）。

（3）その他の株主権

①　会社記録等の閲覧請求権（Right to Inspect）

　会社は、本店において、(イ)設立定款および付属定款、(ロ)株主構成や議決権

---

8)　無議決権株式は、①設立定款の変更、②付属定款の制定または変更、③すべてまたは実質的にすべての資産の売却、賃貸、交換、担保権設定（mortgage または pledge）その他の処分、④社債の発行、⑤授権資本株式の増加または減少、⑥吸収合併または新設合併、⑦改正会社法に基づく他の会社または事業への投資および⑧解散については、議決権を有する。

に関する情報、㈥取締役およびオフィサーの氏名および住所、㈡すべての取引の記録、㈭株主総会および取締役会の議事録、㈭証券取引委員会に対する直近の報告等の情報を保管しなければならない（改正会社法 73 条）。

　取締役または株主は、営業日の合理的な時間において、これらの情報を閲覧することができる。ただし、閲覧を請求した者が競合他社もしくは競合他社の役員または支配株主その他競合他社の利益を代表する者等である場合には、閲覧ができない。

　なお、会社に閲覧を拒否された場合、拒否された者は証券取引委員会に対して申し立てることができ、申立てを受けた証券取引委員会は、5 日以内に調査を行い、閲覧を許可する命令を出すことができる（改正会社法 73 条）。

　また、株主は会社に対して最新の財務書類の開示を求めることができ、会社は当該開示請求を受けた場合、10 日以内に財務書類を株主に開示しなければならない（改正会社法 74 条）。

②　反対株主の株式買取請求権（Appraisal Right）

　株主総会において以下の事項が決議される場合、当該決議に反対する株主は、会社に対して保有する株式を公正価格で買い取ることを請求することができる（改正会社法 36 条、41 条、80 条）。

- 会社の存続期間の変更
- 設立定款が定める会社の目的と異なる目的での投資
- 株主の権利や株式の種類の変更
- すべてまたは実質的にすべての資産の売却、賃貸、交換、担保設定その他の処分
- 合併

IV. 株式会社のガバナンス

1. 株主総会

（1）概要

　株主総会は、毎年1回開催される定時株主総会および必要に応じて開催される臨時株主総会がある。

　株主総会の定足数を充足するためには、改正会社法に規定された一定の重要事項および付属定款に別途規定した事項を除き、発行済株式の過半数の議決権を有する株主またはその代理人による出席が必要となる（改正会社法51条、57条）。株主総会における普通決議は発行済株式の議決権の過半数に相当する株主の賛成により成立し、一定の重要な行為については発行済株式の議決権の3分の2に相当する株主の賛成による特別決議が必要とされる。

　主な株主総会決議事項は、図表5-2のとおりである。

（2）定時株主総会

①　開催時期

　定時株主総会の開催日は、付属定款で定める開催日、または付属定款で開催日を定めていない場合は取締役会が指定する4月15日より後のいずれかの日とされる（改正会社法49条）。

②　招集通知

　定時株主総会の招集通知は、付属定款で定める場合等を除いて、開催日の21日前までに株主に送付する必要がある[9]。招集通知は、Eメールその他証券取引委員会が許容する方法で行うことが可能である（改正会社法49条）。なお、定時株主総会の場合、株主名簿は定時株主総会の20日前に閉鎖される（改正会社法49条。ただし、付属定款においてより長期間を定めることは可能

【図表 5-2　主な株主総会決議事項】

普通決議事項	取締役の選任（改正会社法 23 条）、取締役の報酬（同法 29 条）、経営委任契約の締結（同法 43 条）、付属定款の採択、変更（同法 45 条、47 条）、任意解散（影響を受ける債権者がいない場合。同法 134 条）
特別決議事項	設立定款の変更（改正会社法 15 条）、取締役の解任（同法 27 条）、利益相反取引等の承認（同法 31 条、33 条）、増減資・社債の発行（同法 37 条）、新株引受権の排除（同法 38 条）、会社の全部または実質的に全部の資産の売却・処分等（同法 39 条）、設立定款に定める会社の主たる目的以外の目的への投資等（同法 41 条）、株式配当（同法 42 条）、吸収合併または新設合併（同法 76 条）、任意解散（影響を受ける債権者がいる場合。同法 134 条）

である。）。招集通知には、日時、場所に加えて以下の事項を記載しなければならない（改正会社法 50 条）。

- 議題
- 委任状のフォーム（なお、委任状のフォームは会議前の合理的期間内に秘書役に提出する必要がある。）
- 遠隔地からの出席および議決権行使が可能であることならびにその手続
- 取締役を選任する場合、選任の手続等

③　定時株主総会における報告事項

　取締役会は、定時株主総会において以下の事項を株主に報告するよう努力しなければならない（改正会社法 49 条）。

---

9)　定時株主総会の開催を延期する場合には、当初の開催日の 2 週間前までに延期の理由等を記載した通知を株主に送付する必要がある。新しい開催日は、開催日の 21 日前までに通知する必要がある（SEC Memorandum Circular No.3, 2020）。

- 直近の定時株主総会の議事録（議決権の集計方法、質疑応答の状況、決議内容、議決権の行使結果、出席した取締役、オフィサー、株主等、その他証券取引委員会が規定する事項）
- 株主に関する重要な情報や議決権
- 会社の事業遂行に関する評価（事業、戦略等の重要な変更に関する情報等）
- ファイナンシャルレポート（決算書、リスクマネジメントシステム等の十分性に関する意見、外部監査人の意見等）
- 配当方針等（配当の実績、無配の場合はその理由）
- 取締役の略歴（資格、経験、在任期間、教育訓練、他社の代表権等）
- 取締役会、委員会、株主総会への取締役の出席状況
- 取締役会に関するパフォーマンスレポートおよび評価の基準および手続
- 取締役の報酬に関するレポート
- 取締役の利益相反取引等
- 新任取締役の略歴等

（3）臨時株主総会

① 開催時期および招集通知

　臨時株主総会は、必要な場合にいつでも開催することができる。臨時株主総会の招集通知の発送は、付属定款で定める場合等を除いて、開催日の 1 週間前までに行う必要がある（改正会社法 49 条）。臨時株主総会の場合、株主名簿は臨時株主総会の 7 日前に閉鎖される（付属定款においてより長期間を定めることは可能である（改正会社法 49 条）。

（4）株主提案および株主による臨時株主総会の招集

　改正会社法 49 条によれば、株主は、株主総会において議案を提案することができるとされている。しかし、上場会社を除き、取締役会は、株主提案の議案を正式な議案に追加する義務を負わないと解されている。上場会社に

ついては、発行済株式の 5% 以上を有する株主が株主提案を行った場合には、会社は正当な理由なく議案に加えることを拒絶できない（SEC Memorandum Circular No.14-2020）。

　また、取締役の解任に関する臨時株主総会は、下記 3.（1）に記載のとおり、発行済株式の過半数を有する株主が招集を請求することができる。これに加えて、上場会社の株主については、取締役の解任以外の議案に関する臨時株主総会の招集請求も認められており、発行済株式の 10% 以上を 1 年間以上有する株主は、臨時株主総会の招集請求を行うことができる（SEC Memorandum Circular No.7-2021）。臨時株主総会の招集請求は、臨時株主総会の開催日の 45 日前までに一定の事項を記載した書面をもって行う必要がある。

　また、株主総会の招集権者が不在の場合、または、株主総会が不当に開催されていない場合には、株主は、証券取引委員会に対して株主総会の開催命令に関する申し立てを行うことができる（改正会社法 49 条）。

2.　取締役会

　取締役会は、取締役を構成員とし、会社の資産を管理し、事業の決定を行う会議体である（改正会社法 22 条）。

　定例取締役会は、付属定款で別途規定する場合を除き、原則として毎月開催され、臨時取締役会は社長が招集したときまたは付属定款で規定するときに開催される。取締役会の招集通知は、開催日の 2 日前に送付する必要がある（改正会社法 52 条）。

　取締役会においては、設立定款または付属定款によって要件が加重されている場合を除き、原則として取締役の過半数の出席が定足数とされ、また、原則として出席取締役の過半数の賛成が決議要件となる。
なお、テレビ会議や電話会議等の遠隔通信により取締役会に参加し、かつ議決権を行使することも可能である（改正会社法 52 条）。

3. 取締役

（1）取締役の選任・解任

　取締役は、株主総会の普通決議により選任される（改正会社法 23 条）。取締役が選任された場合、会社秘書役等は 30 日以内に取締役に関する事項を証券取引委員会に届け出る必要がある（改正会社法 25 条）。

　なお、選任が予定されていた日に実際に取締役が選任されなかった場合、当該日から 60 日以内の日を選任日とすること等を内容とする届出を証券取引委員会に対して 30 日以内に行う必要がある。選任日の指定を怠った場合や 60 日以内に選任がおこなわれない場合、証券取引委員会は、株主や取締役の申立てにより選任を命ずることができる。また、取締役が死亡、辞任等により退任した場合、秘書役、取締役またはオフィサーは、7 日以内に証券取引委員会に届出を行う必要がある（改正会社法 25 条）。

　取締役は、株主総会の特別決議により解任することができる（改正会社法 27 条）。取締役の解任を議題とする臨時株主総会は、社長（president）の指示または発行済株式の過半数を有する株主の書面による請求に基づいて会社秘書役が招集しなければならない。会社秘書役が臨時株主総会の招集を拒否する場合には、株主が自ら臨時株主総会を開催することができる。

（2）取締役の資格要件・欠格事由

　株式会社の取締役には居住要件や国籍要件は存在しない。ただし、株式会社の取締役は、自らの名義で最低 1 株を保有することが義務づけられている（改正会社法 22 条）。実務では、信託証書（declaration of trust）を締結し、株式の名義のみを各取締役に移転させ、議決権や配当等の実質的な権利は本来の株主に残すアレンジを行うことが少なくない。

　取締役の欠格事由として、選任前 5 年以内に、(イ) 6 年を超える拘禁刑に処せられる罪を犯し、または、改正会社法または証券規制法に違反した旨の

確定判決を受けた場合、㈠詐欺的行為により行政罰等を受けた場合、㈢外国の裁判所等により、㈠または㈡と同様の違反等を認定された場合が規定されている（改正会社法 26 条）。

　証券取引委員会は、自らまたは申立てにより、欠格事由のある取締役について、聴聞の手続を経た上で解任を命ずることができる（改正会社法 27 条）。

(3) 取締役に欠員が生じたときの対応

　取締役の解任や任期満了による退任により取締役に欠員が生じた場合、残存する取締役の過半数の決議によって欠員を補充することができる。ただし、残存する取締役のみでは取締役会の定足数を満たさない場合には株主総会決議により欠員を補充しなければならない（改正会社法 28 条）。

　取締役の欠員の補充には期限が存在し、①任期満了により欠員が生じうる場合には、任期満了までに新取締役を選任し、②解任により欠員が生じる場合には、解任を行う株主総会決議と同日に新取締役を選任し、③上記①と②以外の場合においては、欠員が生じてから 45 日以内に新取締役を選任する必要がある。

　また、取締役の欠員により定足数を満たさず、かつ、会社に生じる重大かつ回復不能の損害を避けるために緊急の措置をとる必要がある場合については、残存する取締役全員の同意により、合理的な期間、オフィサーの中から取締役の欠員の補充を行って緊急取締役会（Emergency Board）を設置することが可能である。緊急取締役会を設置した場合、3 日以内に証券取引委員会に対して通知を行うことが必要となる。

(4) 取締役の報酬

　付属定款の規定や発行済株式の過半数の決議がない限り、取締役の報酬は、合理的な日当を除いて原則として無報酬とされる（改正会社法 29 条）。また、取締役に報酬を支払う場合であっても、その年間での合計金額は、前年の税引前純利益（net income before income tax）の 10% 以下でなければならない。

（5） 独立取締役

　上場会社等の公益性を有する会社（corporation vested with public inter-est）[10] は、取締役の 20％ 以上を独立取締役（Independent Director）とする必要がある（改正会社法 22 条）。

　独立取締役は、経営から独立しており、独立取締役としての責務を果たすための独立した判断に重大な影響を与えうる関係等がない者とされている。

（6） 取締役の責任

①　会社、株主および第三者に対する責任

　取締役は、(i)会社の行為が違法であることを知って当該行為に賛成した場合、(ii)悪意（bad faith）もしくは重過失により業務執行を行った場合、または、(iii)自らの義務に反して個人的な利益を取得した場合には、会社、株主その他の者が被った損害について連帯して責任を負う（改正会社法 30 条）。

　このように、取締役は、会社と株主だけではなく、「その他の者（other persons）」に対しても責任を負い、「その他の者」には、例えば、会社に対して売掛債権を有する取引先や会社に対して未払賃金を請求する労働者が含まれる。

②　取締役の利益相反取引等に関する規制

（a）自己取引等に関する規制

　会社と取締役またはその配偶者もしくは近親者との取引については、以下のすべての要件および手続を満たす必要がある（改正会社法 31 条。なお、会社とオフィサーの関係においても同様の規制が適用される。）。会社と取締役自身

---

10)　上場会社等の公益性を有する会社は、証券規制法 17.2 条の対象となる会社（証券取引委員会に証券の登録を行った会社、上場会社、または、資産が 5,000 万ペソ以上かつ発行する株式等を 100 単位以上保有する者が 200 名以上存在する会社をいう。）、銀行、保険会社その他の金融機関、または、その他証券取引委員会が定める公益性を有する会社をいう（改正会社法 22 条）。

の取引の場合、下記(イ)と(ロ)の条件については、発行済株式の議決権の 3 分の 2 以上を有する株主の賛成により代替することができる。

(イ)　自己取引等を承認する取締役会において、当該取引に関する取締役が出席しなくとも定足数を充足すること

(ロ)　自己取引等を承認する取締役会において、当該取引に関する取締役による議決権の行使がなくとも決議が成立すること

(ハ)　対象となる自己取引等が公正かつ合理的であること

(ニ)　(公益性を有する会社についてのみ) 3 分の 2 以上の取締役および過半数の独立取締役が、重要な契約について賛成していること

(ホ)　(取締役ではないオフィサーに関する自己取引等の場合) 当該取引が事前に取締役会に承認されていること

　(b)　取締役の兼任に関する規制

　会社間の取引において、ある者が両社の取締役を兼任する場合であっても、当該取引が公正かつ合理的であり、詐欺的なものでないことという要件を満たす限り、原則として当該会社間の取引は無効とされない (改正会社法 32 条)。しかし、当該取締役が、一方の会社について重要な利益を有しているのに対し、他方の会社については僅かな利益しか有していない場合には、上記 (a) の取締役の自己取引等と同様の手続が必要となることに留意が必要である。

　なお、取締役が、ある会社の発行済株式の 20% 超を保有している場合には、当該会社について重要な利益を有しているとみなされる。

　(c)　会社と相反する利益や事業機会の取得に関する規制

　取締役は、会社と相反する利益を取得してはならない (改正会社法 30 条)。また、取締役が、その立場を利用して、会社の事業機会を奪って利益を得た場合には、当該取締役は、当該利益を会社に返還しなければならない (ただし、発行済株式の 3 分の 2 の承認を得た場合を除く。改正会社法 33 条)。

【図表 5-3　オフィサーの資格要件等】

役職	資格要件等
社長	・取締役から選任する必要 ・財務役、秘書役との兼任不可
財務役	・フィリピン居住者である必要
秘書役	・フィリピン人かつフィリピン居住者である必要
法令遵守担当役員	・公益性を有する会社は法令遵守担当役員を選任する必要

4.　オフィサー

　オフィサーは、取締役会の決定を執行するための役職であり、株式会社は、取締役とは別にオフィサー（Corporate Officer）を選任しなければならない。このうち法定のオフィサーとして、社長（President）、財務役（Treasurer）および秘書役（Corporate Secretary）を必ず選任しなければならない。付属定款において、これら以外にも任意にオフィサーを選任することが可能である（改正会社法 24 条）。

　なお、上場会社等の公益性を有する会社については、法令遵守担当役員（Compliance Officer）の選任が必要となる（改正会社法 24 条）。

　各オフィサーの資格要件等は図表 5-3 のとおりである。

　なお、オフィサーは、全取締役の過半数による賛成により選任される（改正会社法 52 条）。

V.　定期報告義務

　株式会社は、毎年、以下の書類を証券取引委員会に提出する必要がある（改正会社法 177 条）。

- 独立した会計士による監査が行われた計算書類（ただし、会社の総資産または総負債が60万ペソ未満の場合、会社の財務役等の認証で足りる。）
- 会社情報シート（General Information Sheet）

なお、公益性を有する会社については、上記の書類に加えて、取締役の報酬に関する報告および取締役のパフォーマンスレポートを提出する必要がある。

Column 　　　　　　　　**会社登録の抹消**

一定期間事業活動を行っていないいわゆる「休眠会社」や定期報告義務を懈怠している会社は、以下の場面において、証券取引委員会の判断により会社の登録を抹消される可能性がある（SEC Memorandum Circular No.19, 2023）。

1. 会社定款の不使用（Non-use of Corporate Charter）

設立から5年以内に組織を構築せず[11]、または、事業を開始しない会社は[12]、会社定款の不使用とみなされ、証券取引委員会により、会社の登録が抹消される可能性がある。

---

11) 「組織の構築」とは、①付属定款の採択および証券取引委員会への登録、②取締役およびオフィサーの選任、③主たる事務所の設置、④これらのほか、会社の事業または目的の遂行のための能力の付与に必要な手続の実施をいう。

12) 「事業の開始」とは、会社の目的の達成に向けた準備行為を行っている場合をいい、①オフィス等の賃貸借または売買に関する契約の締結または協議、②商品、サービス、資産または設備の売買に関する契約の締結または協議、③会社の目的の達成のための契約の締結または準備、④プロジェクトおよび活動のための契約の締結または準備、⑤オフィス等の建設に関する計画の立案、⑥これらのいずれかに向けた手続の実施を含む。

2. 継続した事業休止（Continuous Inoperation）

　証券取引委員会は、5年間継続して事業を行わない会社に対し、(i)証券取引委員会への出頭命令、または、(ii) 30日以内に理由の説明を求める命令を行い、対応しない会社について不履行状態を宣言することができる。不履行状態となった会社は、2年以内に事業を再開し、これを証する一定の書類を提出する必要があり、これを怠った場合には会社の登録が抹消される可能性がある。

3. 定期報告書類の不提出　（Non-filing of Reportorial Requirements）

　会社が定期報告義務を負う書類（「Ⅴ 定期報告義務」に記載の書類をいう。）を5年間の中で3回提出しなかった場合には、証券取引委員会により、当該会社について不履行状態を宣言される可能性がある。不履行状態となった会社は、6か月以内にこれらの書類を提出する必要があり、これを怠った場合には会社の登録が抹消される可能性がある。

第 6 章

不動産法制

Chapter 6

I. 不動産法制の概要

　第1章「フィリピン法の概要」で説明したとおり、フィリピン法の基礎はスペイン統治時代（16世紀〜1898年）に形成されている。フィリピンにおける不動産の所有や使用・収益に関する基本法は、民法であるところ、民法は大陸法系に属するスペイン法の影響を受けている。また、現行憲法は、土地は本来国家に属し、各人の所有権は国家から授与されたものであるという考え方（Jura Regalia）を採用しているが、この考え方は、スペイン法に由来する[1]。

　そのため、フィリピンの不動産に対する権利は、同じく大陸法系に属する日本と類似している部分があり、例えば、フィリピンにおいても、日本と同様、不動産に対する所有権が存在する。民間企業は土地を所有できないという法域もあるが、フィリピンにおいてはそのような制限はない。

　また、フィリピンでは、建物と土地は別個の不動産である。コモンロー法域に属する国においては、土地と建物を別個の不動産として観念しない（建物は土地に付着しているものとして、土地の所有権と一体的に取り扱われる）こともあるが、フィリピンは、日本と同様、建物と土地は別個の不動産である。そのため、フィリピンでは、建物は、土地から独立して売却または賃貸することができる。

　また、フィリピンにおいては、コンドミニアム法上、居住用ビルや商業用ビルの各ユニット（部屋等）に対する区分所有権も認められている。

---

1)　なお、フィリピンの先住民が当初より有している所有権も存在する（1997年先住民の権利に関する法律（Indigenous People's Rights Act of 1997, Republic Act No. 8371））。

II. 不動産に関する権利

1. 概要

　フィリピンの不動産に対する主な権利は、所有権、用益物権である Usu-fruct および Easement、ならびに、担保物権である Mortgage および Anti-chresis である。ビジネスの実務において多く利用されるのは、所有権と Mortgage である。

2. 所有権

(1) 所有権の効力

　民法は、所有権に関する定義を定めていないが、民法の各条項によれば、所有権は、主として以下の効力を有する。

- 財産を利用、処分する権利（民法 428 条）
- 財産を占有者から取り戻す権利（民法 428 条）
- 第三者が財産を利用または処分することを排除する権利（民法 429 条）
- 第三者による妨害等に対して損害賠償を請求する権利（民法 432 条）
- 土地収用に対して補償を請求する権利（民法 435 条）
- 果実を収取する権利（民法 440 条）

　不動産は共有することも可能である（民法 484 条）。不動産の共有者は、他の共有者の利益を侵害しない限り、共有不動産全体を使用することができる（民法 486 条）。また、共有者は、自らの共有持分を譲渡または担保設定することが可能である（民法 493 条）。一方、共有不動産の変更行為は、他

の共有者の同意がない限り、行うことはできない（民法491条。ただし、共有者の一部が、共有者全体の利益に反して不合理に同意しない場合、他の共有者は、裁判所に対して救済を求めることができる。）。

（2）所有権の取得

　不動産の所有権は、法令や取得時効による原始取得、または、相続や譲渡による承継取得により取得することができる。

　取得時効については、善意（good faith）の占有者の場合には10年、悪意の占有者の場合には30年の経過により、不動産に関する所有権を取得する（民法1134条、1137条）。ただし、土地の所有権が登記されている場合には、当該所有権を時効により取得することはできない（資産登記令47条）。

　不動産の所有権の譲渡は、譲渡人と譲受人の間の意思の合致により成立し、当該譲渡は、公的書類（public document）により行う必要がある（民法1358条）。実務上一般的には、当事者間で譲渡証書（Deed Sale）を締結し、当該譲渡証書を公証することで、公的書類の要件を充足している。なお、不動産を売却する場合、不動産の所有者に対して、図表6-1の課税がなされる。

3. Mortgage

（1）Mortgage の設定

　不動産に対して設定可能な担保権として、Mortgage と Antichresis の2種類がある。実務上は、Mortgage が用いられることが一般的である。

　Mortgage を設定する際には、Mortgage の設定者は Mortgage の設定に関する証書を作成し、公証人の公証を受ける必要がある。Mortgage の設定に関する証書には、被担保債権に応じて算出される印紙税（被担保債権額5,000ペソまでは40ペソ、5,000ペソを超える部分については5,000ペソごとに20ペソ）を支払う必要がある。

【図表 6-1-1 会社が事業外で不動産を売却する場合】

税の種類	税率	支払先
キャピタルゲイン税	内国会社については、売却価格、売却時の公正市場価格、売却時のゾーニング評価額（zonal valuation）のいずれか高い額の 6% 内国会社以外については、不動産の売却益の 25%	内国歳入庁
源泉税	総売却価格、公正市場価格、ゾーニング評価額のいずれか高い額の 6%	内国歳入庁
印紙税	売却価格および公正市場価格のいずれか高い額につき、1,000 ペソごとに 15 ペソ（1,000 ペソに満たない部分についても 15 ペソの印紙税が課される）	内国歳入庁
土地移転に関する地方税	マニラ首都圏に所在する土地については売却価格と公正市場価格のいずれか高い額の 0.75% 以下	マニラ首都圏内の地方自治体
	上記以外の土地については売却価格と公正市場価格のいずれか高い額の 0.5% 以下	州

【図表 6-1-2 会社が事業活動として不動産を売却する場合】

税の種類	税率	支払先
所得税	売却益の 25%	内国歳入庁
源泉税	所有者が不動産事業に常時従事している場合、売却価格、公正市場価格、ゾーニング評価額のいずれか高い額の、1.5%、3.5% または 5% のいずれか	内国歳入庁
	所有者が不動産事業に常時従事していない場合、売却価格、公正市場価格、ゾーニング評価額のいずれか高い額の 6%	
印紙税	売却価格につき、1,000 ペソごと 15 ペソ（1,000 ペソに満たない部分についても 15 ペソの印紙税が課される）	内国歳入庁
付加価値税	総売却価格の 12%	内国歳入庁
土地移転に関する地方税	マニラ首都圏に所在する土地については売却価格と公正市場価格のいずれか高い額の 0.75% 以下	マニラ首都圏内の地方自治体
	上記以外の土地については売却価格と公正市場価格のいずれか高い額の 0.5% 以下	州

　また、Mortgage を第三者に主張するためには、当該 Mortgage を登記する必要がある。Mortgage を登記するためには、不動産の所在地の登記官に対し、Mortgage の設定に関する証書、当該不動産に関する税金申告書および当該不動産の登記証明書に加え、会社の場合には一定の書類（①署名権者およびその権限の範囲を示す会社秘書役発行の証明書または取締役会決議、②定款、③当該定款が登記されていることを証する証券取引委員会の発行する証明書）を提出する必要がある。

（2）Mortgage の執行

　Mortgage の執行手続は、受戻権喪失手続（foreclosure）がとられることが一般的である。なお、受戻権喪失手続ではなく、Mortgage の権利者と Mortgage の設定者が合意した上で担保目的物の売却を行い、その売却代金を債務の返済に充当する私的売却（private sale）の方法も法律上は可能である。しかし、一般的に債権者は受戻権喪失手続を望むことが多い。

　受戻権喪失手続には、裁判外の手続（extra-judicial foreclosure）と裁判上の手続（judicial foreclosure）がある。いずれの手続も担保権の処分は競売の方法で行われる。一般的には、裁判外の手続のほうが、簡便・迅速で、コストも低いため、実務上好まれる傾向がある。ただし、裁判外の手続は、Mortgage の設定契約に明記されている場合にのみ利用が可能である。

① 裁判外の手続の概要

　裁判外の手続の申立ては、裁判所事務官（clerk of court）を通じて、Mortgage の目的となる土地の所在地を管轄する土地の執行裁判官（executive judge）に対して行う。売却通知は、Mortgage の目的たる不動産が所在する自治体における 3 つ以上の公の場所で 20 日以上掲示しなければならない。物件の価値が 400 ペソ超であれば、自治体における一般新聞紙に少なくとも連続する 3 週間において、週に 1 回公示する必要がある。

　担保実行により Mortgage の対象となる不動産が処分された後であっても、一定の期間内に限り、担保権設定者や担保権設定者の債権者等は、当該処分

に際して買主が支払った譲渡代金に相当する額を支払った上で、当該 Mortgage の対象となる不動産を取り戻すことができる。受戻権を行使できる期間は、担保実行による不動産処分に関する売却証明書が登記されてから 1 年以内である。もっとも、法人が保有する不動産が競売された場合、当該法人が Mortgage の対象となる不動産の受戻権を行使できるのは、売却証明書が登記される日と売却から 3 か月が経過した日のいずれか早い日までである。

　裁判外の手続に基づく執行手続が完了するまでに要する期間は、一般的には 2 か月から 3 か月程度であるが、個別事情により変動しうる。

　② 　裁判上の手続の概要

　裁判上の手続においては、Mortgage の対象となる不動産の競売申立を裁判所に対して行う。裁判所は、被担保債権の額（利息や手続費用を含む）を確定するための裁判を行う。その後、裁判所は、90 日以上 120 日以下の期間を定めて、Mortgage の設定者に対して被担保債権額を支払うことを命じる決定を発する。

　Mortgage の設定者がかかる期間内に支払を行わなかった場合、不動産につき競売が行われ、決定で確定された被担保債権の支払に充てられる。競売の実施後、競売を承認する裁判所の最終決定の謄本につき、登記がなされる。

　裁判上の手続に基づく執行手続が完了するまでに要する期間は、特に問題がなければ 6 か月から 1 年程度である。もっとも、事案の複雑さや相手方の主張内容次第で手続が遅延しうる。特に担保権設定者による裁判所への異議の申立てによる手続の長期化はしばしば見られるところであり、執行手続の完了までに長期間を要する場合もある。

4. その他の権利

（1）Usufruct

　Usufruct は、対象となる資産を使用収益する権利である（民法 562 条）。Usufruct は、契約等により設定することが可能であり、実務上、親族間で所有者以外の者に資産の使用を認める場合に利用され、ビジネスの場面で使用されることは少ない。

　Usufruct の権利者は、対象となる資産を排他的に使用収益する権利を有し、使用収益を妨害する者を排除することができる。ただし、当該資産の所有者は、Usufruct を害しない範囲で当該資産の改良行為等を行うことができる（民法 595 条）。

　Usufruct を設定する際、Usufruct の設定を受ける者（すなわち Usufruct の権利者となる者）は、原則として、Usufruct の対象となる資産のリストの作成および担保（security）の提供を行わなければならない（民法 583 条）。

　また、Usufruct の権利者は、対象となる資産の本質たる部分（form and substance）を保存する義務を負う（民法 562 条。ただし、経年劣化の場合、資産の価値を減少させない改良行為の場合等を除く。）。当該保存義務の一環として、Usufruct の権利者は、資産の修繕義務、税金等の支払義務、第三者による所有権侵害等の場合の所有者への通知義務等を負う。

　Usufruct は、Usufruct の設定契約に定めた条件や期間の経過等により消滅する。なお、会社のために設定した Usufruct の期間は最大 50 年とされる（民法 605 条）。

（2）Easement

　Easement は、自らの不動産の便益のために他人の不動産を使用する権利である（民法 613 条）。Easement は、公共の利益または特定の者の利益を保護するために当然に設定されるもの（legal easement）と、不動産の所有者の

意思により設定されるもの（voluntary easement）がある。

　legal easement の例としては、水を利用する権利、通行する権利、隣地と共有する塀を使用する権利、光、空気、眺望等を確保する権利等がある。一方、voluntary easement は、legal easement による通行権が不十分な場合に望ましい通行権を設定するとき等に使用される。

（3）Antichresis

　Antichresis は、債権者が債務者の不動産を占有し、当該不動産から生じる収益を被担保債務の弁済に充当する権利である（民法 2132 条）。当該不動産から生じる収益は、まず利息の弁済に充当され、その後に元本の弁済に充当される。

　Antichresis と Mortgage は、主に図表 6-2 で示されている点で異なる。

【図表 6-2　Antichresis と Mortgage の相違点】

①	果実の取扱い：	Antichresis は、Mortgage と異なり、不動産から生じた果実を被担保債務の弁済に充当することが可能。
②	不動産の占有：	Antichresis は、Mortgage と異なり、債権者（Antichresis の権利者）が占有する。
③	税金：	Antichresis は、Mortgage と異なり、別途合意がない限り、債権者（Antichresis の権利者）が不動産に課される税金を支払う。

　なお、Antichresis を設定する契約は、被担保債務および利息を記載した書面で行う必要があり、書面によらない契約は無効である（民法 2134 条）。

III. 不動産に関する外資規制

1. 土地の所有

　第3章「**外資規制**」で説明したとおり、フィリピンにおいて土地を所有することができるのは、フィリピン国民（Philippine National）のみである（現行憲法12章7条等）。

　フィリピン国民とは、(イ)フィリピン人、(ロ)フィリピン人により組成される組合もしくは団体、(ハ)発行済株式および議決権の60％以上をフィリピン人によって保有されるフィリピン法人、または(ニ)受益者の60％以上がフィリピン人である年金、退職金、離職給付等の信託ファンドをいう（外国投資法3条(a)）。そのため、株主に外資企業[2]が入っているフィリピン法人については、外資企業の出資割合が40％以下の場合にのみ、土地を所有することが認められている[3]。

Column	**不動産関連事業と外資規制**

　フィリピンにおいては、土地の所有に外資規制が存在することから、外資企業が不動産開発を行う場合には、フィリピン企業と合弁会社を組成することが一般的である。例えば、コンドミニアムの開発を行うためには、フィリピン居住都市開発省（Philippine Department of Human Settle-

---

2)　本章において、外資企業とは、フィリピン国民（Philippine National）以外の企業をいう。

3)　なお、フィリピン国民の出資比率は、(i)取締役選任に必要な議決権株式の数、および、(ii)株式（議決権の有無は問わない）の数の両方において60％を満たす必要がある（第3章「**外資規制**」II. 3.（1）参照）。

ments and Urban Development）に開発計画を登録する必要がある。
この開発計画の登録の際、デベロッパーは開発地に対する所有権等を証明す
る必要があるため、外資企業が単独で開発を行うことは困難であり、フィリ
ピン企業と合弁会社を組成することが必要となる。

　また、不動産売買、仲介等の不動産サービス業にも外資規制が存在し、不
動産サービス業を行う会社は、原則としてフィリピン人が 100% 保有する会
社でなければならない（不動産サービス法（Real Estate Service Act
of the Philippines, Republic Act No. 9646））。もっとも、不動産サー
ビス法は、相互主義（Reciprocity）の考え方をとっているため、フィリ
ピン人がこれらの事業を行うことが認められている国の国民は不動産サービ
ス業を行うことが認められる。

　また、建設業についても外資規制が存在する。**第 3 章「外資規制」**で述べ
たとおり、一般建設業の免許は、フィリピン人の個人事業体、または、フィ
リピン資本が 60% 以上のフィリピンの株式会社またはパートナーシップに
のみ発行される。もっとも 2020 年、フィリピンの最高裁判所は、一般建設
業に関する外資規制は無効である旨を判示しており、今後の動向が注目され
る[4]。

2.　土地の賃借

　外資企業の出資割合が 40% 超であるフィリピン法人であっても土地を賃
借することは可能である。ただし、そのようなフィリピン法人には外国人に
よる長期の土地の賃借について規定する外国投資家リース法が適用され、土
地の賃借の期間は最大 25 年間とされる。なお、工場の建設等一定の目的の
ための賃借の場合には、貿易産業省における登録を行うことにより賃借期間
を最大 50 年間まで延長できる。当初賃借期間経過後も、更新によりさらに
最大 25 年間、賃借期間を延長することができる。

---

4)　PCAB v. Manila Water（G. R. No. 217590, March 10, 2020）

3. 建物

　土地と異なり、建物には外資規制は存在しない。そのため、外資企業の出資割合が 40% 超であるフィリピン法人であっても建物を所有または賃借することが可能である。

4. コンドミニアム

　コンドミニアム法に基づくコンドミニアムのユニットの区分所有権については、外資企業の出資割合が 40% 超であるフィリピン法人であっても取得することが可能である。ただし、外資企業の出資割合が 40% を超えるフィリピン法人や外国人がコンドミニアムのユニットを所有する場合、そのようなフィリピン法人や外国人によるユニットの所有は、当該コンドミニアムにおけるユニットの総床面積の 40% までに制限される。

Column　　　　　　　コンドミニアム法

　フィリピンにおいては、コンドミニアム法により、居住用ビルや商業用ビルの各ユニット（部屋等）に対する区分所有権が認められている。コンドミニアムは、(イ)排他的で独立した使用や所有の対象となる専有部分であるユニットと、(ロ)ユニット以外の部分である敷地および建物の共用部分により構成される。

　各ユニットは、区分所有権の対象となるが、これに対し、共用部分はコンドミニアムコーポレーションが所有し、管理するのが一般的である。

　コンドミニアムコーポレーションは、日本の区分所有権法上の管理組合に相当する、敷地等の共用部分を所有・管理する会社である。コンドミニアムコーポレーションは、株式会社の形態で設立することが可能であり、各ユニットの所有者は、当然にコンドミニアムコーポレーションの株主または構成

員となる。

IV.　不動産登記制度

1.　トレンスシステム

　フィリピンは、土地の登記制度については、主にコモンロー法域で多く採用されているトレンス・システム（Torrens system）を採用している。

　第 1 章「フィリピン法の概要」で説明したとおり、フィリピンは、コモンロー法域に属する英米法の影響も受けているが、現在のフィリピンの土地の登記制度は、米国統治時代（1898 年〜1935 年）に制定された土地登記法（Land Registration Act, Act No. 496）に由来する[5]。

　現在のフィリピンの土地の登記制度は、1978 年に制定された資産登記令が定めている。資産登記令は、登記制度の効果的な執行の観点から土地登記法をアップデートする目的で制定されており、登記制度に関する他のすべての法令に優先する[6]。

2.　登記制度の概要

　フィリピンの登記制度は、土地の所有権の移転に際して新しい権利証（Certificate of Title）が発行され、土地登記局に登録される。また、あわせて権利証の謄本（Owner's Duplicate Certificate of Title）が権利者に発行される（資産登記令 39 条から 43 条、51 条）。土地の所有権の移転は、このような登

---

5)　なお、土地登記法は、トレンスシステムを採用している 1898 年マサチューセッツ土地登記法（Massachusetts Land Registration Act of 1898）を参考にして制定された。

6)　Director of Lands v. Santiago GR No. L-41278, April 15, 1988, 160 SCRA 186

録を備えて初めて第三者に主張できる。また Mortgage 等の土地の権利に影響を与える事項は、当該権利証に付記することにより第三者に主張できる（資産登記令 51 条、52 条）。登録された権利証は、第三者に対する関係でconstructive notice の効果を有し、登録された権利証に記載されている内容についてすべての者が悪意とみなされる（資産登記令 52 条）。

　権利証に記載された土地に関する権利は、法令によって保証され、法令等による例外を除き、剥奪不可能なものとされ、土地の所有権について権利証が発行された場合、第三者が当該土地を長期間占有したとしても、当該土地の所有権を時効により取得することはできない（資産登記令 47 条）。

　次に、上記 II．2（2）のとおり、フィリピン法上、土地の譲渡は、当事者間の意思が合致することにより成立するものとされ、登記の具備は、土地の譲渡の効力要件ではない。もっとも、登記を信頼して取引をしたものに対しては、原則として、善意の譲受人として、登記どおりの権利状態があったのと同様の保護が与えられる（資産登記令 32 条、44 条）。ただし、当該譲受人が、実際には譲渡人が所有権を有していないことを知っていたり、通常の注意能力を有する者であれば譲渡人の所有権について疑問を差し挟むような事実や状況等を認識していた場合には、譲受人は、善意の譲受人として認められず、登記された権利状態に基づく保護は与えられない。

　なお、建物については登記制度が存在しない。建物の所有権を証明する手段としては、当該建物が所在する市、地方等から発行される建物に関する税金申告書（tax declaration）[7] が使われる。建物の所有者は、自らの所有権を対外的に示すために建物が所在する土地の登記に建物の所有権を付記することも可能である。

7）　税金申告書は、市、地方等の政府が固定資産税を賦課する目的で保管する固定資産の評価に関する書類である。

3. 権利証の種類および発行手続

権利証には、㈠未登記の土地について最初に登記が行われた場合に発行される原権利証（Original Certificate of Title（以下「OCT」という））、㈡土地の所有権が移転された場合に発行される譲渡権利証（Transfer Certificate of Title（以下「TCT」という））、㈢コンドミニアム法の定める区分所有権については登記が行われた場合に発行されるコンドミニアム権利証（Condominium Certificate of Title（以下「CCT」という））の 3 種類がある。

それぞれの権利証の発行手続は、以下のとおりである。

(1) OCT（未登記の土地について新規の登記を行う場合）

OCT は、土地の所有権を認める旨の裁判所の決定、または、環境天然資源省（Department of Environment and Natural Resources）による公有地を私有地とする決定に基づいて、管轄の登記官により発行される。裁判手続により OCT の発行を受ける場合には、一般に裁判手続の開始から 2 年程度が必要となり、また、環境天然資源省による決定に基づく場合には、当該決定から一般に 6 か月程度が必要となる。

(2) TCT（登記されている土地の所有権を移転する場合）

土地の所有権を移転する場合、旧所有者である譲渡人名義の権利証（OCT または TCT）は失効し、新所有者である譲受人名義の TCT が発行される。登記に際しては、土地の所有権を移転する旨の証書、当該譲渡に関する登録資格証明書（Certificate of Authorizing Registration）、譲渡人が保有する譲渡人名義の権利証（OCT または TCT）、および、土地を譲渡する権限を証する書類を提出する必要がある。これらのうち、登録資格証明書は、当該土地の譲渡に関して発生するすべての納税が完了した後に、内国歳入庁により発行される。

新しい TCT または CCT の発行に必要な期間は、必要書類および手数料の

支払が完了してから、10 営業日程度である。

（3）CCT（コンドミニアムのユニットに関する所有権についての新規の登記・移転登記）

　コンドミニアムのユニットに関する所有権の新規の登記（いわゆる所有権保存登記）の場合、原コンドミニアム権利証（Original CCT）が発行される。Original CCT は、コンドミニアムのデベロッパーが、CCT の発行を申請してから、一般に約 15 営業日から 20 営業日で発行される。CCT が発行されたことは、当該コンドミニアムが所在する土地の権利証（OCT および TCT）に記載される。

　また、コンドミニアムのユニットに関する所有権の移転の登記の場合、新しい CCT が発行される。この CCT を発行するためには、コンドミニアムコーポレーションが発行するコンドミニアムマネジメント証明書（condominium certificate of management）を提出する必要がある。コンドミニアムマネジメント証明書は、外国人が所有するコンドミニアムのユニットが、当該コンドミニアムにおけるユニットの総床面積の 40% を超えないことを証する書面である。新しい CCT の発行に必要な期間は、必要書類および手数料の支払が完了してから、10 営業日程度である。

4.　登記の閲覧

　フィリピンにおいては、一定の手数料を支払うことにより、誰でも登記を閲覧することが可能である。しかし、登記を閲覧するためには、権利証の番号が必要となるため、実際には土地の権利者の協力が必要となることが多い。

　なお、土地登記局の有するデータベースに記録された土地については、土地登記局の運営するウェブサイトを通じて権利証の写しをオンラインで取得することが可能である。他方、土地登記局のデータベースに記録されていない土地については、登記の閲覧に際して登記官に対して閲覧請求を行わなければならない。この際、管轄の登記官は、登記の閲覧に際して、所有者が保

有する権利証の写しの提出を要求することがある。

5. 建物の所有権を証明する手段（税金申告書）

　上記 2 に記載のとおり、建物の所有権については登記制度が存在しない。そのため、建物の所有権を証明する手段として、当該建物が所在する市、地方等から発行される建物に関する税金申告書が使われることが少なくない。税金申告書の発行手続は以下のとおりである。

　建物を含む不動産を所有または管理する者は、3 年ごとに、当該不動産の現在の公正な価値を記載した書面を作成し、州、市または地方の査定人（assessor）に提出しなければならない。なお、査定人による査定に資するため、当該不動産の詳細もあわせて記載しなければならないが、地方政府によっては、不動産の写真の提出が必要となる場合もある。当該書面の提出および査定人による不動産の査定が終了した後、申告書の氏名が記載された税金申告書が発行される。

　不動産の取得や改良（建物の建築を含む）が行われた場合、当該不動産を取得したとき、または、建物もしくは建物の改良部分が完成したときか占有を開始したときのいずれか早い方から、60 日以内に、当該不動産の価値を記載した書面を作成し、州、市または地方の査定人に提出しなければならない。当該不動産に関する新しい税金申告書は、当該書面の提出、当該不動産に関する古い税金申告書、地方譲渡税に関する支払を証する書面、および、（不動産について権利証が発行される場合には）当該者の氏名が記載された権利証の写しが提出されてから 1 営業日から 2 営業日以内に発行される。

 **不動産投資信託**
（Real Estate Investment Trust）

　フィリピンでは、2009年にフィリピン不動産投資信託法（Philippine Real Estate Investment Trust Act of 2009, Republic Act No. 9856）が制定され、不動産投資信託（Real Estate Investment Trust（以下「REIT」という））を組成することが可能となった。しかし、一般株主の最低保有割合（一年目は40％、3年目までに67％）の要件やREITへ不動産を譲渡する際の付加価値税の課税により、REITは長年利用されなかった。

　上記の状況を受けて、2020年にはREITの施行細則等が改正され、改正後は、一般株主の最低保有割合は3分の1（および50株以上保有する投資家が1000名以上）まで緩和された。また、REITへ不動産を譲渡する際の付加価値税についても、REITの株式を譲渡対価とし、かつ、譲渡人がREITの発行済株式総数の51％以上を取得するときは免税となった。2020年の改正後は、REITは、フィリピンの企業によって徐々に活用されてきており、2024年6月時点において、フィリピン証券取引所に上場されているREITは8件存在する。

　しかし、上記で述べた一般株主の最低保有割合を満たすため、REITの当初の出資者は発行済株式の3分の1以上を一般投資家に譲渡しなければならないところ、当該株式譲渡において受領した譲渡価額は、1年以内にすべてフィリピン国内での投資に使用しなければならない。そのため、例えば、新規に上場するREITにフィリピンの不動産を売却することにより投資リターンを得ることを考えたとしても、REITに対する不動産譲渡により取得したREITの株式の売却益をフィリピン国外に持ち出すことは認められていない。そのため、外資企業にとってREITの上場は、Exitの手段として利用が難しい状況となっている。

Column　歴史から見たフィリピンにおける 土地所有権制度の発展

　東南アジア・南アジアの不動産法制を通覧すると、それぞれの国の旧宗主国の法体系（大陸法系・英国法系）の影響を色濃く受けていることが多い。この点、フィリピンは、1898 年の米西戦争を境に、その統治国がスペインから米国に代わっており、前者は大陸法系、後者は英米法系である。このように異なる 2 つの法体系に属した国は珍しい。フィリピンでこのような 2 つの法体系に跨って、土地所有権制度が発展したことは興味深い。法律家の立場から見て特に気になるのは、フィリピン法上、不動産売買の効力に関して、当事者間における契約としては登記の完了を待たずに合意の時点で有効であるにもかかわらず、第三者に対して権利を主張できるのは登記の時点であるという「ぬゑ」的な点である。日本における意思主義および物権変動に関する対抗要件主義を彷彿とさせるものであり、何か大陸法系由来の理論なのか。それとも、リーガル・タイトルの移転は登記時点としつつ、エクイティ上の権利の救済として当事者間の権利は認める英国法系由来の考え方なのか。このような仮説を立てて、制度の展開について文献を追った[8]。

　フィリピンにおける土地所有権制度の発展は、以下のように 3 つの時代に分けると理解しやすい。

1.　スペイン統治時代（16 世紀-1898 年）

　当初、フィリピンにおける土地制度は、基本的に現地住民の共同体的所有制であり、そこでは個々の住民による土地の取得や処分は制限されていた。その後、1521 年から 1898 年までスペインにより統治された。当初、スペインはいわゆる重商主義をとり、ガレオン貿易で利益を上げていた。フィリピンはその中継地点となっていたが、国内経済と開発は停滞が続き、生産力の余剰は限定的であった。その後、英国等の台頭による国際情勢の変化とガ

---

8)　本コラムは、梅原弘光『フィリピンの農村』（古今書院・1992 年）78 頁-146 頁、319 頁-343 頁、Corpuz, Onofre D.（1997）. An Economic History of the Philippines. University of the Philippines Press. を参照した。

レオン貿易の衰退に伴い、スペインは植民地政策を転換し、フィリピンの国内経済と開発に注力することになった。そのような経緯を背景として、土地の利用形態については主に以下のような変遷が見られた。

（1）エンコミエンダ制（Encomienda）とは、当初、スペインがフィリピンを統治するために導入した制度で、征服者や入植者に土地の権利と、その土地に住む先住民の労働力が付与された。この制度は、土地の利用を認め、税収の管理を効率化するために用いられたが、実際には先住民の過酷な労働と搾取が行われた。

（2）ハシエンダ制（Hacienda）とは、広大な土地を所有する農園を指す。情勢の変化によりエンコミエンダ制が衰退した後、土地は富裕層や教会勢力によってハシエンダとして集約された。この制度により、これらの特権階級による大規模な土地の所有が拡大した一方、多くの農民が土地を持たない状態が続いた。

国内経済が活発化してくると、土地の集中により一部の地主が特権階級として台頭を見せた。スペイン政府も、それらの地主による要求を無視できず、土地制度や不動産登記制度が導入され、土地所有権を明確にするための基盤が築かれた。中でも、マウラ法（Ley Maura）は、1893年に制定され、フィリピンの土地所有権の登録を義務付け、この法律により、土地所有権の正式な記録が行われるようになったが、農民の多くはこの手続を理解することが難しく、地主による土地の集中が一層進行することとなった（地主的土地所有制ともいわれる）。皮肉にも、地主と農民間における紛争の増加、複雑化を招くこととなった。

2. 米国統治時代（1898年-1935年）

1898年の米西戦争後、フィリピンは、米国の統治下で、スペインが進めてきた土地政策をより一層進めるべく、私的財産権の保護という観点から、土地所有権の確定事業に着手した。スペイン民法は、米国統治下においても引き続き効力を有した。図表6-3は、この時期に制定された、特に重要と思われる法令である。表から分かるとおり、土地所有権制度の近代化のために新たな試みがなされる一方、その限界も見られた。

これらの法律には、地方政府の財源確保やすでに発達を見せていた商業的

【図表 6-3　米国統治下において制定された重要法令】

法令名	概要・限界
(1) 公有地法 （Public Land Act, 1903）	✓　本法は、フィリピンの土地所有権を明確化し、土地の利用と分配を規制するために制定された。本法により、国有地を確定しそれを政府が管理し、個人や企業に貸与・売却することが明確化された。また、農民に対して土地を割り当てることも企図された。 ✓　土地の大規模な配分が目標とされたものの、実際には効果が限定的だった。多くの農民は土地の購入のための資力がなく、また手続が複雑であったため、土地の権利関係が不明確な状態が継続した。
(2) 土地登記法 （Land Registration Act, 1902）	✓　本法は、不動産登記制度として、いわゆるトレンス・システムを導入し、土地所有権の登記が義務化された。土地所有権の証明を簡便にし、土地取引の透明性と安全性を高めることが企図された。 ✓　トレンス・システムは理論上は分かりやすい制度であるが、零細農民にとっての手続の複雑さに加えて、制度の前提となる土地の測量・境界確定が遅滞したことから、実際には多くの土地が未登録のままとなり、土地所有権の紛争が続いた。
(3) 地籍法 （Cadastral Act, 1903）	✓　本法は、土地の測量と地籍調査を制度化し、土地所有権を明確にするために制定された。 ✓　もっとも、地方の実情に即していないことや、測量等を行うための役所の人員の不足などの理由から、作業が長期化し、特に遠隔地や山間部では測量が進まなかった。

農業を一層発展させる目的もあったといわれる。その結果として、フィリピンの資本主義発達の基礎を築く一方、その恩恵を受けたのは（再び）地主階層に止まり、農民はむしろそれまで享受してきた農地の慣行的占有権を喪失する契機となった。すなわち、これらの地主階層は、植民地政府に対する良き協力者として育てられ、「独立後のフィリピン社会に見られる、あの隔絶した地主階級の地位はこうしてでき上がった」といわれる。

またいずれの法律も土地の測量を欠けば実効性を持たないことは明らかで

あり、その速やかな完了を前提としていたが、現実的には難しく、これらの法律の欠陥となった。関連して、米国統治下で、政府はフィリピン国内でカトリック教会が保有していた広大な土地を最終的に買い取るが、現地の弁護士事務所を起用して土地のデュー・ディリジェンスを行おうとしたにもかかわらず、測量の実施は諦めたという逸話は象徴的である。

3.　現代（1946年以降）

　1946年にフィリピンは独立を果たしたものの、その後も土地問題は重要な課題として認識され、土地制度と不動産登記制度の改善が試みられている。

（1）土地改革

　フィリピン政府は、土地改革を推進するためにさまざまな法律を制定し、特に、包括的農地改革法（Comprehensive Agrarian Reform Program, CARP）は、1988年に導入され、農民への土地分配と地主の補償を規定した。このプログラムは、土地の不平等を是正し、農村部の経済発展を目指すものだった。

（2）資産登記令

　1970年代後半、フィリピンは経済発展と人口増加に伴う土地利用の多様化が進んでおり、これに対応するための法的枠組みが必要とされていた。そこで、上記で述べた各法律の課題を克服し、より一層効果的な土地所有権の明確化と管理を目的として、1978年に資産登記令が制定された。その主要な目的は以下のとおりである。

　(ⅰ)土地所有権の明確化：土地所有権の登録と証明をさらに徹底し、土地所有権に関する紛争を減少させる。

　(ⅱ)土地取引の透明性向上：登記手続を簡便化し、土地取引の透明性を高めることで、不動産市場の活性化を図る。

　(ⅲ)地方経済の発展：土地所有権の明確化により、農民や地方住民が土地を担保にした資金調達を容易にし、地方経済の発展を促進する。

　上記のとおり、フィリピンの土地制度は、スペイン統治時代から米国統治

時代、現代に至るまで、大きく変遷してきた。法体系に由来する議論は見当たらず、冒頭の仮説に対する示唆は得られなかったが、むしろ、それぞれの時代において、その当時の問題状況に応じて土地所有権の明確化や農民の権利保護が進められ、現在においてもなお課題が残っているといわれる。特に、不動産登記制度は、土地所有権の証明と取引の透明性を確保するために重要な役割を果たしており、今後の実務の発展を注視したい。

第 **7** 章

知的財産法

I. 知的財産制度の現状

1. 主要な法令等の制定状況

フィリピンにおいては特許法、著作権法といった種々の知的財産権に対応する個別の法律は存在せず、知的財産法が特許権、実用新案権、意匠権、商標権、著作権等の主要な知的財産権をカバーしている[1]。

知的財産法に加え、知的財産庁は、同法に基づき、種々の知的財産権に関する規則やガイドラインの制定を行っている。国内外の変化に応じて規則やガイドラインが制定・改正され、頻繁に知的財産権に関する規制のアップデートが行われている点に留意する必要がある[2]。

近年制定・改正された規則等のうち主要なものは図表7-1のとおりである。

2. 出願状況

フィリピンにおける2020年以降の主要な知的財産の出願・申請件数は図表7-2のとおりである[3]。

---

1) 知的財産法は、本文記載の知的財産権のほか、地理的表示や集積回路のレイアウトについても保護の対象としている（知的財産法4条）。いずれも2024年6月執筆時点において登録例を確認できないが、地理的表示については同表7-1のとおり近年施行細則が制定・改正されており、今後登録が普及していくことが期待される。

2) フィリピンは、パリ条約、ベルヌ条約、TRIPs協定等の知的財産関連条約に加入している。また、特許協力条約（PCT）および標章の国際登録に関するマドリッド協定にも加入しており、特許・商標を国際出願することも可能である。なお、フィリピンが現在加盟している条約については、知的財産庁のウェブサイトより確認可能である（https://www.ipophil.gov.ph/reference/philippine-acceded-intellectual-property-treaties/）。

【図表 7-1 最近の主要な規則等の改正】

カテゴリ	規則等
商標権	・商標規則（Rules and Regulations on Trademarks, Service Marks, Trade Names, and Marked or Stamped Containers of 2023 Replacing the Revised Trademark Regulations of 2017〔Memorandum Circular No. 2023-001〕）
特許権・実用新案権・意匠権	・特許・実用新案・意匠に関する施行細則（Revised Implementing Rules and Regulations for Patents, Utility Model, and Industrial Design of 2022〔Memorandum Circular No. 2022-016〕）
著作権	・フェアユースに関するガイドライン（Guidelines on Statutory Fair Use in the Intellectual Property Code） ・実演家および録音物製作者の権利に関する施行細則（Implementing Rules & Regulations on the Rights of Sound Performers & Producers of Sound Recordings〔Memorandum Circular No. 2023-023〕） ・著作権の保護期間とパブリックドメインに関する施行細則（Implementing Rules and Regulations on the Term of Copyright Protection and the Public Domain〔Memorandum Circular No. 2023-021〕） ・再販権に関する実施細則（Implementing Rules and Regulations on Resale Rights〔Memorandum Circular No. 2020-023〕） ・著作権の登録に関する規則（Revised Rules and Regulations on Copyright Registration and Recordation〔Memorandum Circular No. 2020-025〕）
その他	・地理的表示に関する規則（Amendments to IPOPHL Memorandum Circular No. 2022-022 or the Rules & Regulations on Geographical Indications〔Memorandum Circular No. 2023-027〕） ・ライセンス規則（Revised Rules and Regulations on Voluntary Licensing〔Memorandum Circular No. 2020-002〕）

【図表 7-2　知的財産の出願・申請件数】

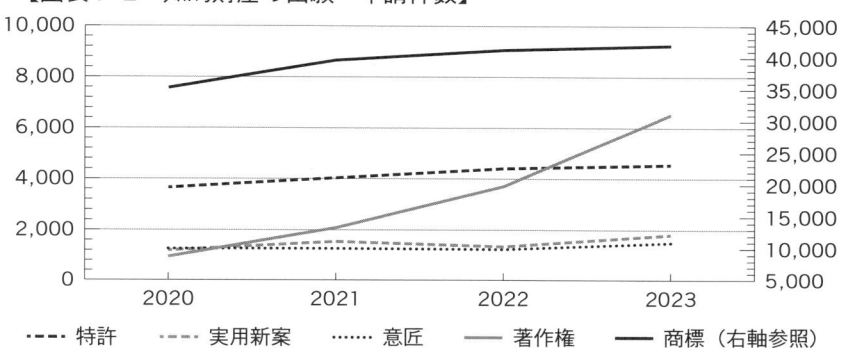

　図表 7-2 からも明らかなとおり、2022 年以降、著作権の登録に関する申請件数の増加がみられる。下記Ⅱ．2．のとおりフィリピンの著作権は登録をしなくても保護されるが、登録により保護開始日や権利帰属が明確になり、紛争が発生した場合の立証に資するといえる。ここ数年で著作権の登録数が増加している背景には、知的財産庁が著作権を含む知的財産権に関する国民意識の向上に力を注いできたことがあると考えられる[4]。

II.　主要な知的財産保護制度

　知的財産法に定めるフィリピンの知的財産権のうち、日系企業によるフィリピンにおける事業との関係で問題になる可能性が比較的高いと思われる商標権、著作権、特許権、実用新案権および意匠権について以下その概要を解

---

3)　図表 7-2 は知的財産庁がウェブサイトにおいて公表しているデータをもとに筆者が作成した。

4)　なお、知的財産庁の公開情報によれば、2023 年における著作権の申請のうち、書籍をはじめとする言語の著作物が約半数を占めており、次いで多いものが視聴覚著作物・映画の著作物、ソフトウエアの著作物であった。

説する。

1.　商標権

　フィリピンにおいて、商標権者は、自己の登録商標にかかる指定商品・役務と同一または類似の商品・役務について、無許諾の第三者が当該登録商標と同一または類似の商標等を商業上使用することにより出所の混同を生じさせるおそれがある場合（指定商品・役務と同一の商品または役務について同一の商標を使用する場合は、混同を生じさせるおそれがあるものと推定される）に、その使用を禁止する排他的権利を有する（知的財産法 147 条 1 項）。なお、フィリピンにおいて登録されている周知性を有する商標権は、一定の場合、当該登録商標にかかる指定商品・役務と類似していない商品または役務に対しても及ぶとされている（知的財産法 147 条 2 項、商標規則 800 条）[5]。

　なお、登録商標の譲渡およびライセンス権の付与[6] は、知的財産庁に提出して記録されない限り、第三者に対して効力を生じない（知的財産法 150 条、商標規則 1107 条）。

（1）保護の客体

　商標権が保護の客体とする「商標」とは、企業の商品または役務を識別することができるあらゆる可視標識を意味し、商号や刻印または押印した商品の容器を含む（知的財産法 121 条 1 項、商標規則 101 条（m））。

　フィリピンの知的財産法は、視認可能な標章（visible sign）のみを商標として保護しており、その典型は文字商標、図形商標、結合商標および立体商

---

5)　一定の場合とは、当該登録商標の使用が、当該類似していない商品または役務と当該登録商標の商標権者との間の関連性を示唆し、かつ、当該登録商標権者の利益が当該使用により害されるおそれがある場合をいう（同法同条同項）。

6)　商標登録の出願権の譲渡および第三者への付与についても同様である（知的財産法 149 条 4 項、同条 5 項、商標規則 1101 条、1102 条）。

標である[7]。日本の商標法と異なり、視認できない音商標は保護の対象とされていない。

（2）商標権の登録

　フィリピンにおいて、商標権は登録により発生する（登録主義）（知的財産法 122 条、商標規則 200 条）。商標権の登録は、知的財産庁への出願後、知的財産庁による審査を経て行われる。フィリピンでは日本と同様に先願主義が採用されており、同一または類似の商標について 2 件以上出願が競合した場合には登録出願の先後により権利者が決まることになる。また、当初登録後、10 年ごとに更新手続を行う必要がある（知的財産法 146 条 1 項、商標規則 801 条）。

　ただし、(イ)出願日から 3 年以内、(ロ)登録日より 5 年を経過する日から 1 年以内、(ハ)更新日から 1 年以内および(ニ)各更新日より 5 年を経過する日から 1 年以内に、商標の実使用宣言書（Declaration of Actual Use：DAU）を提出する必要がある（知的財産法 124 条 2 項、145 条、商標規則 204 条）。DAU には、権利者が出願または登録している商標がフィリピンで実際に使用されていることの宣言、当該商標が使用されている商品・サービスのリスト、当該商標が使用された商品が販売され、または当該商標が使用されたサービスが提供される事業所の名称および住所等を 1 つ以上記載しなければならない（商標規則 208 条）。DAU を提出しなかった場合、(イ)については出願中の商標の登録は拒絶され、(ロ)ないし(ニ)については登録商標は登録簿から抹消される点に留意する必要がある（知的財産法 124 条 2 項、145 条、商標規則 204 条）[8]。

　出願以降の審査の流れは、図表 7-3 のとおりである。以下、出願以降の

---

7)　商標出願願書の様式においては、文字商標、図形商標、結合商標および立体商標のいずれに該当するかを選択する欄が設けられている。なお、位置商標、ホログラム商標、動き商標といった非伝統的商標であっても、視認可能なものについては保護の対象とされている（商標規則 400 条 1 項（h））。

【図表 7-3　商標登録手続の流れ】

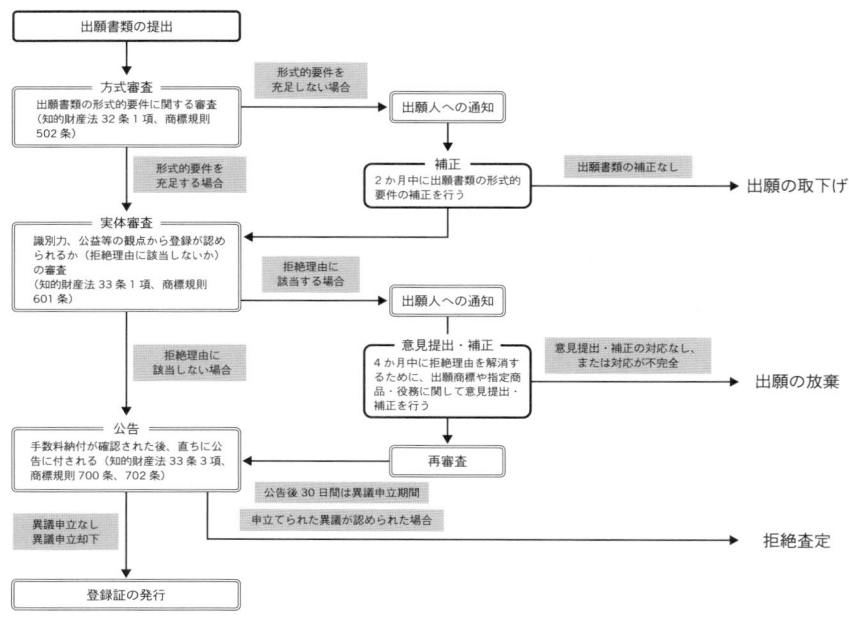

手続（方式審査、実体審査、公告および登録証発行）についてその概要を解説する。

①　方式審査

知的財産庁に提出された商標出願書類については、その内容が、形式要件を満たしているかどうかについて審査がなされる（知的財産法 132 条 1 項、商標規則 502 条）[9]。出願人がフィリピン国内に居住していないにもかかわらず、フィリピンに居住する代理人の名称や住所等の記載がなされていない場

---

8)　不使用について、規則の定める一定の正当な理由がある場合には、DAU に代えてその理由と正当性を示す不使用宣言書（Declaration of Non-Use）を所定の期間内に提出することにより、登録の拒絶・抹消を回避することができる（商標規則 211 条、212条）。

合等、出願書類がその形式要件[10] を満たしていない場合、知的財産庁は出願人にその旨を通知する。かかる通知を受けた出願人は 2 か月内に出願書類を補正しなければならず、当該期間内に補正を行わなかった場合、出願は取り下げられたものとみなされる（知的財産法 132 条 1 項、商標規則 502 条）。

② **実体審査**

方式審査において形式要件を充足していることが認められた出願については、次のステップとして、知的財産庁において、識別力、公益または先願主義の観点から登録が認められるか（拒絶理由に該当しないか）という実体審査が行われる（知的財産法 133 条 1 項、商標規則 601 条）。実体審査において出願商標が登録要件を充足しないと認められる場合、知的財産庁は理由を付してその旨を出願人に通知する（商標規則 603 条）。出願人は、知的財産庁からの通知を受けた後、意見提出または補正をする期間が最長 4 か月間与えられ、出願人による意見提出または補正がなされた場合、出願は再審査される（知的財産法 133 条 3 項、商標規則 606 条、608 条）。出願人が当該期間内に上記の対応をせず、または対応が不完全であった場合、期間満了日の翌日に出願は放棄されたものとみなされる（商標規則 610 条）。

フィリピンでは、大要図表 7-4 に列挙した拒絶理由に該当する商標については商標登録が認められず（知的財産法 123 条 1 項、商標規則 102 条）、実体審査ではかかる拒絶理由の有無について知的財産庁による審査が行われることになる[11]。

---

9)　商標出願書類の提出は、オンラインシステムにより行う（商標規則 401 条、503 条）。

10)　出願書類の形式要件は知的財産法および商標規則に列挙されている。

11)　拒絶理由には、商標としての識別力の不存在または公益等の観点から、他の同一または類似の商標の有無等にかかわらず、絶対的に登録不可とするもの（絶対的拒絶理由）と、先願主義や出所混同防止の観点から、同一または類似の商標が存在することに基づき、相対的に登録不可とするもの（相対的拒絶理由）がある。

【図表 7-4　商標登録の拒絶理由】

No.	絶対的拒絶理由 [注1]
1	反道徳的、欺瞞的もしくは中傷的な事柄、または個人（存命中か故人かを問わない）、団体、宗教もしくは国の象徴を傷付け、それらとの関連を誤認させるよう示唆しもしくはそれらに侮辱もしくは汚名を与えるおそれがある事柄からなる商標
2	フィリピン、フィリピンの政治上の分権地もしくは外国の国旗、紋章その他の記章またはそれらに類似したものからなる商標
3	存命中の特定の個人の名称、肖像もしくは署名からなる商標（ただし、その者の承諾を得ている場合を除く）またはフィリピンの故大統領の名称、署名もしくは肖像からなる商標（ただし、未亡人がいる場合は、その存命中に限る。また、未亡人の書面による承諾を得ている場合を除く）
4	商品またはサービスの性質、品質、特性または原産地について公衆を誤認させるおそれがある商標
5	指定する商品または役務に特有の標識のみからなる商標
6	日常の言語または誠実かつ確立された商業上の慣行において商品または役務を示すために通例または普通になっている標識または表示のみからなる商標
7	商品または役務の種類、質、量、意図されている目的、価格、原産地、商品の製造または役務の提供の時期その他の特性を示すために商業上用いられる標識または表示のみからなる商標
8	技術上の要因、商品自体の性質または商品の固有の価値に影響する要素により必要とされる形状からなる商標
9	色彩のみからなる商標（ただし、形状により定義される場合は除く）
10	公の秩序または善良の風俗に反する商標

（注 1）　No.5 ないし 9 は識別性を有さないという観点から絶対的拒絶理由とされるものであるが、このうち No.7 ないし 9 については商業上の使用の結果として識別力を獲得したことが証明できる場合には登録することができる（知的財産法 123 条 2 項、商標規則 102 条）。

No.	相対的拒絶理由
1	他の権利者に帰属する登録商標または先の出願日もしくは優先日を有する商標と同一であって、かつ、次のいずれかに該当する商標 (i)登録商標の指定商品・役務と商品または役務が同一である (ii)登録商標の指定商品・役務と商品または役務が密接に関連する (iii)欺罔しまたは混同を生じさせるおそれがある程に類似している
2	フィリピンにおいて登録されているか否かを問わず、フィリピンの権限のある当局により出願人以外の者の商標として国際的に、かつ、フィリピンにおいて広く認識されている[注2]と認められた商標と同一であるかもしくは混同を生じさせる程に類似しているか、またはそのような商標の翻訳であり、かつ、登録商標の指定商品・役務と同一または類似の商品または役務に使用する商標
3	相対的拒絶理由 No.2 に従って広く認識されていると認められ、かつ、登録出願中の商品または役務と類似していない商品または役務についてフィリピンにおいて登録されている商標と同一であるかもしくは混同を生じさせる程に類似しているかまたはそのような商標の翻訳である商標[注3]

(注2)　相対的拒絶理由 No.2 における広く認識されているか（周知性）の判断については、一般消費者の有する知識ではなく、関連する消費者の有する知識（当該商標の普及の結果として獲得されたフィリピンにおける知識を含む。）が考慮される（知的財産法123条1項 (e)、商標規則 102条 (e)）。

(注3)　ただし、No.3 の商標が拒絶理由になるのは、当該類似していない指定商品または役務についての当該商標の使用が、当該類似していない指定商品または役務と登録周知商標の権利者との間に一定の関係性があることを示すものであり、かつ、当該権利者の権利がその使用により害されるおそれがある場合に限る（知的財産法 123条1項 (f)、商標規則 102条 (f)）。

③　公告

　実体審査において、登録拒絶理由に該当しないことが確認された出願は、所定の手数料の納付が確認された後、ただちに公告に付される（知的財産法 133条2項、商標規則 700条、702条）。公告後 30 日間は当該商標の登録により損害を被るおそれがあると考える者による異議申立てが可能である（知的財産法 134条、商標規則 700条）。

　異議が申し立てられることなく異議申立期間が満了した場合または申し立てられた異議が却下された場合、所定の登録料の納付により商標登録が完了する（知的財産法 136 条、商標規則 703 条）。

　異議が認められた場合には、当該出願について最終的に知的財産庁による拒絶査定がなされることになる。この場合、拒絶査定に不服のある出願人は商標局長に対する不服申立てをすることができる（知的財産法 133 条 5 項、商標規則 1302 条）。

　④　登録証の発行

　登録された商標は、知的財産庁の登録簿に記載されて管理され、出願人に対しては当該商標の登録証が発行される（知的財産法 137 条 1 項、136 条、商標規則 703 条）。登録証は、登録の有効性、登録者に対する権利帰属および登録者が登録証に記載された商品または役務に関連して当該商標を使用する排他的権利を有することの一応の証拠（"*prima facie* evidence"）となる（知的財産法 138 条、商標規則 802 条、803 条）。

2.　著作権

　知的財産法には、著作権、著作者人格権および著作隣接権の保護が定められている。かかる権利の権利者は、無許諾者による著作物の一定の利用行為を禁じることができる。

　これらの著作権等の権利は、著作物の創作と同時に何らの手続を要しないで発生する（無方式主義）。なお、下記（4）のとおり著作権者は申請により著作権登録証明書の発行を受けることができ、この他に著作権の譲渡やライセンス契約を登録することも可能である[12]。

---

12)　登録情報は知的財産庁のウェブサイトに掲載される。

（1）保護の客体

　知的財産法が保護の客体とする「著作物」とは、文学および美術の領域において創作の時から保護される独創的な知的創作物をいう（知的財産法 172 条 1 項）[13) 14)]。ある著作物を翻訳、脚色、映画化等した二次的著作物や、ある著作物の選択や配列に創作性が認められる編集著作物も知的財産法上の「著作物」として保護される（知的財産法 173 条 1 項）。

　ただし、(イ)思想、手続、手順、方法または運用、概念、法則、発見および単なるデータ自体、(ロ)単なる報道にすぎない時事の記事その他の雑報、(ハ)立法上、行政上または法律上の文書の性質を有する公文書およびそれらの公定訳文、(ニ)政府の著作物[15)]、(ホ)法律、規則、条例ならびに法廷、行政機関、審議機関および公的性格を有する会合において発表された講話、講演、説示、演説および論説は、保護の対象とならない（知的財産法 175 条、176 条）。

（2）権利の帰属

　著作物にかかる権利は、著作物が創作された時点で（登録等の手続を経ず当然に）発生し、当該著作物を創作した者に帰属するのが原則である（知的財産法 172 条 2 項、178 条 1 項）。

　上記原則の例外として、従業員が雇用期間内に創作した著作物の著作権の

---

13)　なお、知的財産法は、図面やコンピューター・プログラム等を含む表現物を広く保護の対象としており、著作物の定義にある「文学および美術の領域」という文言は当該領域に限る趣旨ではないと考えられる。

14)　日本の著作権法において応用美術（実用的な用途を有する物品）を原則として保護の対象外とする取扱いとは異なり、フィリピンにおいては応用美術についても著作物性が認められる（知的財産法 172 条 1 項（h））。また、意匠登録がなされているものであっても著作物性は否定されない（同項（h））。

15)　フィリピン政府またはその支部組織（フィリピン政府が所有または管理する団体を含む。）の幹部職員または従業者による、それらの者の正規の公務の一部として創作された著作物をいう（知的財産法 171 条 11 項）。

取扱いが挙げられる。従業員がその雇用期間内に創作した著作物は、当該著作物が従業員の正規の職務の遂行の結果である限り、明示または黙示を問わず特段の合意がない限り、その著作権は雇用者に帰属する（知的財産法 178条 3 項（b））。他方、創作行為がその正規の職務の一部ではない場合には、仮に雇用者の設備および資材を使用して創作されたものであったとしても、その著作権は当該従業員に帰属する（同項（a））。

（3）権利の内容

　知的財産法に基づく著作物にかかる権利の具体的な内容は大要図表 7-5のとおりである[16]。これらの行為を権利者の同意なく行うことは原則として権利侵害となる。

　他方、私的複製、無償公演、引用、時事報道のための利用を含む著作物の一定の公正な利用行為は、著作権侵害とならない（知的財産法 184 条～189条）。知的財産法 185 条 1 項は、こういったいわゆるフェアユースの一般原則として、批評・論評、事件の報道、教育・研究およびその他類似の目的のための著作物の利用が公正な利用に当たるか否かを判断するにあたり図表7-6 記載の 4 要素を考慮すべきと定めている。

　フェアユースとして著作物を無許諾で利用できるかについては、上記フェアユースの一般原則および知的財産庁の発行するガイドラインを参照し、慎重に検討する必要がある[17]。

16）　図表 7-5 に定める著作者の権利のほか、以下の著作隣接権も規定されている：実演家の権利（知的財産法 203 条～207 条）、録音物製作者の権利（知的財産法 208 条～210 条）および放送事業者の権利（知的財産法 211 条）。

17）　図表 7-1 記載のとおり、知的財産庁は「フェアユース条項に関するガイドライン」（2024 年制定）を公表し、著作物の公正な利用について一定の指針を示している。なお、同ガイドラインによれば、知的財産法 187 条～189 条の定める利用行為（公表された著作物の複製、図書館における複製およびコンピュータ・プログラムの複製）については 185 条の適用は要求されず、個別具体的な権利制限として認められている。

【図表 7-5　著作物にかかる権利の内容】

権利の種類		内容
著作権（財産権）	複製権	著作物またはその実質的部分の複製（知的財産法 177 条 1 項）
	翻案権	著作物の脚色、翻訳、翻案、要約、編曲その他の変形（知的財産法 177 条 2 項）
	頒布権	販売その他の形式の所有権の移転による著作物の原著作物およびその各複製物の最初の公衆への頒布（知的財産法 177 条 3 項）
	貸与権	視聴覚著作物、映画の著作物、録音物に組み込まれた著作物、コンピュータ・プログラムの著作物、データその他の素材の編集著作物または図式形式の楽曲の著作物の貸与（知的財産法 177 条 4 項）
	展示権	著作物の原著作物または複製物の公衆への展示（知的財産法 177 条 5 項）
	公演権	著作物の原著作物の公演（知的財産法 177 条 6 項）
	公衆伝達権	上記以外による著作物の公衆への伝達（知的財産法 177 条 7 項）
著作者人格権(注1)	氏名表示権/氏名非表示権	自己が当該著作物の著作者であることを、実行可能な限り、自己の名称を複製物上に、目立つ方法で、当該著作物の公の使用に関連して表示させることを要求する権利（知的財産法 193 条 1 項） 自己の創作したものでない著作物または自己の著作物の歪曲されたバージョンについて、自己の氏名を使用することをやめさせる権利（知的財産法 193 条 4 項）
	公表権	公表に先立って自己の著作物に変更を加える権利および自己の著作物の公表を許可しない権利（知的財産法 193 条 2 項）
	同一性保持権(注2)	自己の名誉または声望を害するおそれがある自己の著作物の変更、切除その他の改変または自己の著作物との関係において自己の名誉または声望を傷つけるような行為に対して異議を唱える権利（知的財産法 193 条 3 項）

（注 1）　著作者人格権は、譲渡やライセンスの対象とならない（著作権法 198 条 1 項）。著作者は、放棄により著作者の声望を害する場合等を除き、書面により著作者人格権を放棄することができる（知的財産法 195 条）。

（注 2）　図表に記載のとおりであるが、フィリピンにおいては、すべての改変行為等が対象となるわけではなく、著作者の名誉または声望を害するおそれのある場合のみが同一保持権侵害の対象となる点に留意する必要がある。

【図表 7-6 フェアユースの考慮要素】

No.	考慮すべき要素
1	当該利用が商業的なものであるか非営利の教育上の目的の利用であるかを含む利用の目的および性格
2	著作物の性質
3	著作物全体との関係における利用された部分の量および実質的価値
4	著作物の潜在的市場または価値に対する利用の影響

著作権は、原則として著作者の死後 50 年間保護される（知的財産法 213 条 1 項）[18]。著作者人格権は、永続的に存続する氏名表示権を除き、著作権と同様、著作者の死後 50 年間にわたり保護される（知的財産法 198 条 1 項）。

（4）著作権の登録

上記（2）のとおり、著作物にかかる権利は、創作の時から当然に発生するものであり、登録等の手続を経ることなく保護される。他方、知的財産法上、当該著作物の存在や著作権保護の開始日を公的に証明する著作権登録証の発行を受けるために、著作権を任意に登録する制度が存在する（知的財産法 191 条）[19]。

著作権者は、著作物の原本または電子コピー 2 部を提出し、手数料を納付することにより、その著作物に関する著作権登録証の交付を受けることができる（著作権の登録に関する規則 2〜7 章）。著作権登録証には、著作物の作品名、著作者名、著作物の作成日、保護期間等が記載され、また登録情報はフィリピン国立図書館と知的財産庁が共同で管理するデータベースにより管理される（著作権の登録に関する規則 3 章 6 条、5 章）。紛争が生じた場合に備

---

18) 隣接権の保護期間については、知的財産法に別途規定されている。

19) 同様の趣旨に基づくものとして、著作権者は、著作権の譲渡または独占的使用許諾についても、知的財産庁にその記録を申請し、知的財産庁より譲渡や使用許諾の記録に関する証書の交付を受けることができる（著作権の登録に関する規則 8 章）。

【図表 7-7　特許権を受けることができる発明の分類】

No.	分類
1	機械・装置などの製品、製造物品、組成物、微生物
2	使用方法・製造方法などの方法、非生物学的方法、微生物学的方法
3	コンピューター関連発明
4	上記のいずれかの改良

えて、著作権登録をする例が近年増加している。

3. 特許権・実用新案権・意匠権

（1）特許権

　特許権は、新規性、進歩性および産業上の利用可能性のある技術的思想（発明）について、発明公開の代償として付与される、権利者が一定期間特許発明を独占的排他的に実施する権利である。

　　① 保護の客体

　特許を受けることのできる発明は、「人間の活動のすべての分野における課題についての、新規性および進歩性を有し、かつ、産業上の利用可能性を有するあらゆる技術的解決」と定義されている（知的財産法 21 条、特許・実用新案・意匠に関する施行細則（「特許等細則」）200 条）。特許を受けることができる発明について、特許等細則 201 条は、図表 7-7 のとおり分類している。いずれかの分類に該当または関連する発明は、特許を受けることができる。

　他方、特許を受けることができない発明としては、(ｲ)発見、科学的理論、数学的方法および薬剤製品に関して、既知の物質の新たな形式もしくは性質であって、当該物質の既知の効力の向上をもたらさないものの発見にすぎないもの、既知の物質の何らかの新たな性質もしくは新たな用途の発見にすぎ

ないもの、または既知の方法の使用にすぎないもの、㋺精神活動の実行、ゲームまたは事業遂行を行うための計画、規則および方法ならびにコンピュータ・プログラム、㋩手術または治療による人体または動物の体の処置方法および人体または動物の体の診断方法、㊁植物および動物の品種ならびに植物および動物の本質的に生物学的な生産方法、㋭美術的創作物、㋬公序良俗に反するものが挙げられる（知的財産法 22 条、特許等細則 200 条）。

　② 　権利の帰属

　特許を受ける権利は、発明者（その相続人または譲受人を含む。）に帰属し、2 以上の者が共同して発明した場合は共同発明者全員に帰属する（知的財産法 28 条、特許等細則 300 条）。

　委託によりなされた発明は、契約に別段の定めがない限り、その委託をした者が当該特許を取得する（知的財産法 30 条 1 項、特許等細則 302 条）。従業員がその雇用契約の期間内に発明をした場合、発明行為がその正規の職務の一部ではない場合は、従業員がその勤務時間、使用者の設備および材料を使用する場合であっても、特許は従業員に帰属する。他方で、当該発明が従業員の正規の職務遂行の結果である場合は、明示または黙示の合意がない限り、特許は使用者に帰属する[20]（知的財産法 30 条 2 項、特許等細則 303 条）。

　③ 　権利の内容

　知的財産法上、特許権者に与えられる権利の内容は、対象となる発明の種類により図表 7-8 のとおり定められている（知的財産法 71 条 1 項）[21]。

　④ 　特許権の登録

　フィリピンにおいて、特許権は登録により発生する（登録主義）（知的財産法 50 条 3 項）。また、先願主義が採用されている（知的財産法 29 条、特許等細則 304 条）。

---

20)　権利の帰属に関する取扱いは上記 2.（2）記載の著作権の場合と同じである。

21)　特許権者は、上記のほか、自己の特許を譲渡等により移転し、または自己の特許についてライセンス許諾する権利を有する（知的財産法 71 条 2 項）。

【図表 7-8　特許権者に与えられる権利の内容】

発明の種類	内容
物の発明	許諾を得ていない者による当該物の生産、使用、販売の申出、販売または輸入の停止をする排他的権利
方法の発明	許諾を得ていない者による当該方法の使用を停止する排他的権利
	許諾を得ていない者による当該方法により直接的または間接に得られる物の製造、取扱い、使用、販売もしくは販売の申出または輸入の停止をする排他的権利

　特許出願願書は、所定の手数料の納付後、方式審査に回される（知的財産法 42 条 1 項、特許等細則 602 条）。方式上の要件を充足しない出願については、出願人は、所定の期間内に補正をする必要があり、補正をしなかった場合には当該出願は取り下げたものとみなされる（同法同項）。

　方式審査を通過した出願は、出願日または優先日から 18 か月経過後に、知的財産庁の公報において公開される（知的財産法 44 条 1 項、特許等細則 800 条）[22]。公開された特許については、誰でも、その発明の特許要件充足性について書面により意見を申し立てることができる（知的財産法 47 条、特許等細則 803 条）。

　実体審査を受けるには、出願公開の日から 6 か月以内に審査請求を行う必要がある（知的財産法 48 条 1 項、特許等細則 804 条）。実体審査では、新規性、進歩性および産業上利用可能性の要件を充足しているかについて審査がなされる。

---

[22]　フィリピンでは優先権制度が認められている（知的財産法 31 条、特許等細則 305 条～307 条）。すなわち、条約、協定または法律によりフィリピン国民に類似の特典を与える外国において同一の発明について先に出願（外国における第一出願）をした者によりなされた特許出願（フィリピンにおける第二出願）は、所定の条件を満たす場合、その外国で出願をした日に出願をしたものとみなされる。優先日とは、知的財産法 31 条にいう同一の発明についての外国における出願の出願日をいう（知的財産法 20 条 6 項）。

　実体審査の段階で拒絶査定の通知を受けた場合であっても、出願人は補正することができる（知的財産法 49 条、特許等細則 902 条）。

　実体審査を通過した出願は、所定の期間内に特許料が納付されることを条件に、登録および知的財産庁の公報への公示がなされる（知的財産法 50 条、特許等細則 1001 条、1002 条）。

　特許権は登録日よりその効力が発生する（同法同条）。存続期間は出願日から 20 年間であり、更新することはできない（知的財産法 54 条、特許等細則 1004 条）。

（2）実用新案権

　新規性があり、かつ、産業上の利用可能性がある発明は、実用新案として登録を受けることができる（知的財産法 109 条 1 項、特許等細則 1400 条）。実用新案権は、権利者が一定期間実用新案を排他的に実施する権利であり、登録により発生する（登録主義）。

　特許と実用新案はいずれも発明に関するものであるが、同一の技術について特許と実用新案を同時出願することは認められない（知的財産法 111 条、特許等細則 1420 条）。ただし、特許出願後に実用新案出願へ変更することおよび実用新案出願後に特許出願へ変更することは可能である（知的財産法 110 条 1 項、2 項、特許等細則 1417 条、1418 条）。

　知的財産法における特許に関する多くの規定が実用新案に準用される（知的財産法 108 条）。特許権の登録手続と異なる点として、実用新案出願の審査では、知的財産庁において実体審査が行われることは想定されておらず、方式審査のみが行われる（知的財産法 109 条 2 項）。

　実用新案権は登録日から発生する。その存続期間は出願日から 7 年であり、更新することはできない（知的財産法 109 条 3 項、特許等細則 1415 条）。

（3）意匠権

　意匠とは、形状、線、色彩もしくはそれらの組合せからなる構成物または

形状、線もしくは色彩と結合しているか否かを問わず、その全体が美的・装飾的効果をもたらす立体的形状であり、工業品または手工芸品に特別の外観を与え、それらの模様として機能するものをいう（知的財産法112条1項、特許等細則1500条）。意匠権は、権利者が一定期間意匠を排他的に実施する権利であり、登録により発生する（登録主義）。新規性または装飾性を有することが登録要件となる（知的財産法113条1項、特許等細則1502条）。

　意匠についても特許に関する多くの規定が準用され（知的財産法119条1項）、実用新案と同様に、登録手続において知的財産庁における実体審査はなく方式審査のみが行われる（知的財産法116条）。

　意匠権は登録の日から発生する。その存続期間は出願日から5年間であり、期間満了後さらに5年間の更新が2回まで認められる（知的財産法118条1項、2項、特許等細則1518条）。

III. 技術移転の取決め

　知的財産法には、技術移転の取決めに関して特段の取扱いをすべき旨の規定が設けられているため、知的財産権に関するライセンス契約を締結する際にはこれらの規定に留意する必要がある（知的財産法85条～92条）。

　技術移転の取決め（technology transfer arrangements）とは、製品の製造、製造プロセスの適用またはサービスの提供のための体系的知識の移転にかかる契約もしくは協約、および大量販売市場用に開発されたものを除くコンピュータ・ソフトウエアのライセンス許諾を含むすべての種類の知的財産権の移転、譲渡またはライセンス許諾にかかる契約もしくは協約のうち体系的な知識の移転が伴うものをいう（知的財産法4条2項、ライセンス規則1条）[23]。

　技術移転の取決めに該当する場合、当該ライセンス契約においては図表7-9に列挙する条項を定めることはできない（禁止条項。知的財産法87条、ライセンス規則2条）。

【図表 7-9　技術移転の取決めにかかるライセンス契約の禁止条項】

No.	内容
1	許諾者が指定する資本財、中間製品、原材料およびその他の技術または常時勤務者として雇用する従業者を特定の者から入手する義務を実施権者に課す条項（知的財産法 87 条 1 項、ライセンス規則 2 条 1 項）
2	ライセンスに基づいて製造する物の販売価額または再販売価額を定める権利を許諾者が留保することを定める条項（知的財産法 87 条 2 項、ライセンス規則 2 条 2 項）
3	生産量および生産の構成に関する制限を含む条項（知的財産法 87 条 3 項、ライセンス規則 2 条 3 項）
4	非排他的技術移転取決めにおいて競合する技術の使用を禁止する条項（知的財産法 87 条 4 項、ライセンス規則 2 条 4 項）
5	許諾者に有利になるように全部のまたは部分的な購入の選択を定める条項（知的財産法 87 条 5 項、ライセンス規則 2 条 5 項）
6	ライセンスされた技術の使用によって達成することができる発明または改良を許諾者に無償で移転することを実施権者に義務づける条項（知的財産法 87 条 6 項、ライセンス規則 2 条 6 項）
7	使用されていない特許について特許権者に実施料を支払うことを要求する条項（知的財産法 87 条 7 項、ライセンス規則 2 条 7 項）
8	ライセンスされた物を製造または頒布する排他的ライセンスが既に与えられている国への輸出等の許諾者の正当な利益の保護のために正当である場合を除き、実施権者がライセンスされた物を輸出することを禁止する条項（知的財産法 87 条 8 項、ライセンス規則 2 条 8 項）
9	実施権者の責に帰する理由によって技術移転の取決めが早期に終了する場合を除き、技術移転取の決めの終了後における提供された技術の使用を制限する条項（知的財産法 87 条 9 項、ライセンス規則 2 条 9 項）
10	特許その他の産業知的財産権に対する（利用対価の）支払をそれらの権利の満了または終了の後において要求する条項（知的財産法 87 条 10 項、ライセンス規則 2 条 10 項）
11	技術提供者が所有する特許の有効性について技術受取者が争わないことを要求する条項（知的財産法 87 条 11 項、ライセンス規則 2 条 11 項）
12	移転された技術を取り入れ国内の状況に適合させるための実施権者の研究開発活動を制限しまたは新しい物、方法もしくは設備に関連して研究開発計画を開始することを制限する条項（知的財産法 87 条 12 項、ライセンス規則 2 条 12 項）

13	許諾者が定める品質基準を損なわない限りにおいて実施権者が輸入される技術を国内の状況に適合させまたはその技術に新たな手法を導入することを妨げる条項（知的財産法 87 条 13 項、ライセンス規則 2 条 13 項）
14	技術移転の取決めに基づく許諾者の責務の不履行に対する責任またはライセンスされた物もしくはライセンスされた技術の使用に関する第三者の訴訟から生じる責任について許諾者を免責する条項（知的財産法 87 条 14 項、ライセンス規則 2 条 14 項）
15	その他不合理な契約終了後の競業避止義務等の反競争的条項や取引制限条項（知的財産法 87 条 15 項、ライセンス規則 2 条 15 項）

　他方、技術移転の取決めに該当する場合、当該ライセンス契約においては図表 7-10 に列挙する条項を必ず定めなくてはならない（必須条項。知的財産法 88 条、150 条 1 項、ライセンス規則 3 条）。

　技術移転の取決めに関して一定の禁止条項または必須条項に関する要件の免除等を求める場合、当該取決めを知的財産庁の資料・情報・技術移転局（Information and Technology Transfer Bureau）へ登録しなければならない（ライセンス規則 6 条 1 項）[24]。他方、禁止条項および必須条項の要件を満たす技術移転の取決めについては、資料・情報・技術移転局への登録は必須ではない（知的財産法 92 条、ライセンス規則 4 条）。

---

23)　知的財産権に関するライセンス契約のうち大系的知識の移転が伴うものについては、原則として技術移転の取決めに該当する。例えば、日系企業がフィリピン子会社に対して技術支援を行う場合やフランチャイザーがフランチャイジーに対して登録商標等を使用し、一定の方法に従って事業を行うことを許諾するフランチャイズ契約はこれに該当する。他方、体系的な知識の移転が伴わない場合、例えば事業とは無関係に商標のみを単体で利用許諾する内容のライセンス契約は、技術移転の取決めに該当しない。

24)　技術移転の取決めの登録により発行を受けることのできる証明書には次の種類がある：①一定の禁止条項・必須条項について免除が認められたことの証明書；②技術移転の取決めが禁止条項・必須条項の要求を満たしていることの証明書；③商標ライセンス契約が対象となる商品、サービスに対するクオリティコントロールに関する条項を規定していることとして記録されたことの証明書（ライセンス規則 6 条 5 項）。

【図表 7-10　技術移転の取決めにかかるライセンス契約の必須条項】

No.	内容
1	フィリピンの法令が契約の解釈を決定するものとし、かつ、訴訟における裁判地を実施権者が主たる事業所を有する地域を管轄する裁判所とする条項（知的財産法 88 条 1 項、ライセンス規則 3 条 1 項）
2	技術移転の取決めにかかる契約の契約期間の間、当該技術にかかる技法および方法における改良を常に利用することができることとする条項（知的財産法 88 条 2 項、ライセンス規則 3 条 1 項）
3	技術移転の取決めにおいて仲裁を行う場合は、フィリピン仲裁法の仲裁手続、国連国際商取引法委員会（UNCITRAL）の仲裁規則または国際商工会議所（ICC）の仲裁規則を適用するものとし、かつ、仲裁地はフィリピンまたは中立国とする条項（知的財産法 88 条 3 項、ライセンス規則 3 条 3 項）
4	技術移転の取決めに関するすべての支払についてのフィリピンの税金を許諾者が負担することとする条項（知的財産法 88 条 4 項、ライセンス規則 3 条 4 項）
5	（登録商標または商標登録出願にかかるライセンス契約について）当該商標にかかる被許諾者の商品または役務の質についての許諾者による効果的な管理に関する条項（知的財産法 150 条 1 項）

　禁止条項および必須条項の要件を満たさない技術移転の取決めについては、知的財産法 91 条[25]に定めるところにより例外的に要件充足が免除されるものとして資料・情報・技術移転局への、登録がなされた場合を除き、自動的に執行不能とされる（知的財産法 92 条）。

---

25)　知的財産法 91 条に基づき、高度な技術、外貨収入の増加、雇用の創出、産業の広域的普及、国内産の原材料への置換や国内産の原材料の消費等、フィリピンの国内経済に重要な利益をもたらす非凡であるかまたは価値のある事案に関しては、当局によるケースバイケースでの判断により、技術移転に関する取り決めの有効性に関する要件充足が免除される。

IV.　知的財産権に関する紛争解決制度

　フィリピンにおいては、偽造品による商標権侵害、海賊版コンテンツによる著作権侵害といった紛争が多く発生している。また、登録出願に対する異議申立て、登録取消し請求といった知的財産権の登録に関する紛争も頻繁に生じている。フィリピンにおける知的財産紛争の紛争解決制度は大要図表7-11 および図表 7-12 のとおりである。

　第13章「紛争解決制度」のとおり、フィリピンの訴訟は数年がかりとなることが多く、知的財産権に関する紛争についても同様である。そのため、実務上の対応としては、早期解決のために裁判外の紛争解決手段で終結させることが多いようである。

【図表 7-11　知的財産権に関する裁判外の紛争解決制度】

紛争解決制度	概要	手続規定
知的財産調停	● 以下に挙げる手続に付される事件については、まず知的財産庁による知的財産調停の手続に付さなければならない（調停規則 1 条）[注 1] （a）知的財産権侵害に関する審判 （b）登録取消等に関する審判 （c）技術移転にかかる支払に関する紛争 （d）公演または公衆送信にかかる著作権ライセンスに関する紛争 ● 調停人は、知的財産庁の調停人リストから選ばれる（調停規則 3 条） ● 調停成立に際して作成される合意書は、法的拘束力を有するものとして関連規則に従い執行される（調停規則 7 条） ● 調停手続開始から 60 日以内に調停成立に至らない場合、両当事者の申立により 30 日間延長可能。期間内に合意に至らない場合は、調停不成立として手続は終了する（調停規則 8 条）	知的財産庁調停手続規則（Rules of Procedure for IPO Mediation Proceedings）（「調停規則」）
知的財産仲裁	● フィリピン法に基づく知的財産権に関するすべての紛争は、当事者間で合意することにより、知的財産庁の仲裁に付すことができる（仲裁規則 2 条）[注 2] ● 仲裁人は、当事者の合意に従って任命される。所定の期間内に当事者による仲裁人の任命に至らない場合は仲裁機関により任命される（仲裁規則 14 条から 19 条）） ● 仲裁規則上、仲裁手続の所要期間は、合理的に可能な限り、審理に 8 か月、その後最終決定まで 3 か月とされている（仲裁規則 63 条（a）） ● 当事者は、仲裁規則に基づく裁定について、知的財産庁や裁判所に対し不服を申し立てることはできない（仲裁規則 64 条（a））	知的財産庁仲裁手続規則（Rules of Procedure for IPO Arbitration Proceedings）（「仲裁規則」）

（注 1）　フィリピン国外に居住する当事者が関与する事件については、所定の要件を満たす場合、当事者の合意より、WIPO（World Intellectual Property Organization）の調停を選択することも可能（調停規則 2 条）。

（注 2）　なお、必ずしも知的財産仲裁の前に知的財産調停を行う必要はない。

【図表 7-12　知的財産庁による審判・裁判所における訴訟】

分類	紛争解決制度	概要	手続規定
審判	登録取消等に関する審判	●出願人または登録者以外の者による、出願への異議申立てまたは登録取消請求等に対し、知的財産庁の法務局（Bureau of Legal Affairs）の判断（審決）を求めるもの ●法務局の審判官による審決については、決定書の写しの受領から10日以内に限り法務局長（Director of the Bureau of Legal Affairs）に対する不服申立てが可能	当事者間手続に関する規則（Rules and Regulations on Inter Partes Proceedings） 不服申立てに関する統一規則（Uniform Rules on Appeal）
	知的財産権侵害に関する審判	●損害賠償額が 200,000 ペソ以上の知的財産権侵害があった場合に、知的財産庁による行政罰としての侵害停止命令、報告書提出命令、違反行為の対象物の没収、罰金等の処分を求めて、知的財産庁に対する申立てを行うもの^(注1)（知的財産法 10 条 2 項（a）、知的財産権侵害に関する行政庁への不服申立てに関する規則 22 条） ●申立人は、本手続により、以下の請求をすることができる 　- 侵害者に対して：損害賠償、侵害差止等 　- 知的財産庁に対して：侵害者に対して行政罰を行使する国家権力の発動 ●同一の知的財産権侵害行為に関する侵害者に対する請求（損害賠償、侵害差止）については、知的財産庁に対する知的財産権侵害に関する審判と知的財産権侵害訴訟の両方の手続で争うことは、その先後を問わず認められない^(注2)	知的財産権侵害に関する行政庁への不服申立てに関する規則（Rules and Regulations on Administrative Complaints for Violation of Laws Involving Intellectual Property Rights） 不服申立てに関する統一規則（Uniform Rules on Appeal）

訴訟	審決取消訴訟	● 高等裁判所に対し、知的財産庁による最終審判（当事者間手続に関する規則に基づく裁定または知的財産権侵害に関する行政庁への不服申立てに関する規則に基づく裁定）に対する不服申立てを行うもの ● 高等裁判所の判決については、最高裁判所に不服申立てを行うことができる	裁判所規則（Rules of Court）
	知的財産権侵害訴訟 （通常の民事裁判）	侵害行為の差止請求、損害賠償請求などについて、通常の民事裁判として知的財産権侵害を争うもの	知的財産訴訟手続に関する規則（Rules of Procedure for Intellectual Property Rights Cases） 知的財産権侵害に関する民事訴訟における捜索差押手続に関する規則（Rules on Search and Seizure in Civil Actions for Infringement of IP Rights）

（注 1）　この手続は、知的財産権の侵害行為があった日または侵害行為があったことが判明した日から 4 年以内に開始されなければならない。

（注 2）　なお、知的財産権侵害に関する審判により侵害者に対して損害賠償等の請求を申し立てることと平行して、別途、裁判所に対し登録取消等に関する請求を申し立てることは可能である。

第 8 章

労働法

Chapter **8**

I. 労働法制の概要

　フィリピンでは、労働法制に関する基本法として、労働法が定められている。また、現行憲法にも労働者の権利に関する規定が置かれている。これらに加え、最高裁判所の判決や、フィリピンにおける労働・雇用の規制・監督を所掌する機関である労働雇用省が Advisory、Memorandum 等の形式で、労働法制に関する規制等を公表している。労働法および現行憲法以外に労働法制について定める法令等としては、例えば図表 8-1 に記載のものがある。

【図表 8-1　労働法関係法令の例】

法律名	概要
105-Day Expanded Maternity Leave Law（Republic Act No. 11210）	従前は 60 日とされていた産休の期間を 105 日に延長するもの
Paternity Leave Act（Republic Act No. 8187）	法律上の配偶者の出産または流産に際して、父親に 7 日間の休暇を付与するもの
Expanded Solo Parents Welfare Act（Republic Act No. 11861）	単親である労働者に対する特別休暇の付与やフレックス勤務の許可等について定めるもの
Anti-Violence Against Women and Their Children Act（Republic Act No. 9262）	自身または子供に対する暴力の被害を受けた女性労働者について追加的に休暇を付与するもの
Magna Carta of Women（Republic Act No. 9710）	所定の勤続要件を満たす女性労働者について、婦人科系疾患に関する手術のための休暇を付与するもの
An Act Strengthening Compliance with Occupational Safety and Health Standards and Providing Penalties for Violations Thereof（Republic Act No. 11058）	職場の安全確保、労働者に対する指導、安全性が承認された機器の導入等、労働者の安全確保に関する使用者の義務と労働者の権利を定めるもの
Wage Rationalization Act（Republic Act No. 6727）	法定最低賃金の決定手続および決定指針等について定めるもの

　これらの労働法制において定められている条件（例えば、労働時間、最低賃金、休日手当、割増賃金、超過勤務手当、夜間勤務手当、勤務奨励金等の従業員の権利に関する規定等）は、労働者を雇用するに際して最低限確保すべき労働者の権利を定めたものであり、その内容よりも労働者に不利な内容の契約条件は無効となる（つまり、強行法規性を有する。）と解される。

　フィリピンでは不当解雇に関する争いが多く、労務管理上のリスクが最も顕著に現れるところである。下記II. 2.（2）において詳述するが、フィリピンにおける労働者の解雇は、法律が定める解雇理由が存在する場合のみ許容され、また、所定の手続を適切に履践することも必要となる。実際の解雇の場面では、労働者が、不当解雇を主張して労使間での紛争となるケースも一定数見られるところである。

　在宅勤務については、2018年に在宅勤務法（Telecommuniting Act, Republic Act No. 11165）が一定の規制を定めていたが、それ以降のリモートワークの増加を受けて、オフィス外で執務する者について、オフィスで執務する者と同レベルの雇用条件とすること等を内容とする労働雇用省によるDepartment Orderが発出されるなど、多様な働き方を前提とした規制が徐々に拡充されている。また、職場の安全衛生の確保・向上のための取組みや、労働者のメンタルヘルス確保のための使用者による施策も進められており、労働者保護のための取組みが引き続き行われている。

II.　労働契約の成立と終了

1.　労働契約の成立

（1）雇用形態

　フィリピンの雇用形態は、日本と同様に、雇用保障の程度の差異により正

規雇用（Regular employment）と非正規雇用（Non-regular employment）に大別される。

　まず正規雇用であるが、労働者が使用者の通常の事業・ビジネスにおいて通常必要とされる業務を行う場合、または、労働者が1年以上勤務する場合は、原則として該当するとされている（労働法295条）。

　一方、非正規雇用には、プロジェクト雇用（Project employment）、季節雇用（Seasonal employment）、臨時雇用（Casual employment）、有期雇用（Fixed term employment）および試用期間雇用（Probationary employment）がある。各雇用形態の概要は図表8-2のとおりである。図表8-2のとおり、当事者が非正規雇用として合意した場合であっても、雇用形態が正規雇用とみなされる場合があり、その場合には、形式的には期間満了に伴う雇用契約の終了であっても、正規雇用と同様の解雇規制が及ぶことになる。

【図表 8-2　各非正規雇用の概要】

非正規雇用の形態	概要
プロジェクト雇用 （Project employment） （労働法 295 条）	● 「特定のプロジェクトや事業」に従事させるための雇用 ● 「特定のプロジェクトや事業」は、雇用開始時に、使用者のほかの事業と明確に区別でき、始期と終期が特定できる必要がある ● 雇用の対象となった「特定のプロジェクトや事業」の終了後に、①引続き雇用される場合や、②プロジェクト雇用が繰り返され、かつ労働者が従事する業務が、使用者の通常の事業・ビジネスにおいて必要不可欠な場合には、正規雇用とみなされる可能性がある
季節雇用 （Seasonal employment） （労働法 295 条）	● 性質上季節性のある事業・業務に従事させるための雇用。当該事業・業務の有する季節性における「季節 ^(注1)」が雇用期間となる ● 雇用期間の対象となった季節を超えて、同じ業務のために継続的、反復的に雇用されている場合、正規雇用とみなされる可能性がある ● 労働者が季節性のある業務のために定期的に雇用されている場合には、正規雇用とみなされる可能性がある。この場合、オフシーズンは休業期間とみなされ、オフシーズン期間中も雇用は継続しているとみなされる
臨時雇用 （Casual employment） （労働法 295 条）	● 労働者の担当する業務が、使用者の通常の事業・ビジネスにおいて通常必要とされる業務ではなく、かつ、プロジェクト雇用、季節雇用または有期雇用に該当しない雇用は、臨時雇用に該当する ● 労働者が 1 年以上勤務した場合（断続的な場合も含む。）、臨時雇用は、臨時雇用時に従事していた業務との関係で雇用保障を受ける。すなわち、使用者は、当該業務が再度生じた場合に当該労働者を再雇用しなければならない（当該労働者を再雇用しない場合には、下記 2.（2）記載の解雇規制が及ぶ。）

有期雇用（Fixed term employment）	● 当事者の合意に基づく一定期間のみの雇用。労働法上に明文規定は置かれていないが、以下の要件の下、例外的に有効性が認められる ▷ 労働者の雇用保障の回避が目的でないこと ▷ 有期雇用契約であることを認識しつつ、自発的に合意され、強要、強迫や不当な圧力、労働者の同意の有効性を損なうそのほかの事情が無いこと ▷ 使用者と労働者がおおむね対等に接し、使用者が支配的立場に立っていなかったと十分にいえること ● 当初契約の更新の有無にかかわらず、実態として当事者が合意した雇用期間終了後も雇用が継続している場合には正規雇用とみなされる
試用期間雇用（Probationary employment）（労働法 296 条）	● 本採用前の試用期間中における雇用。試用期間の上限は原則 180 日間 [注2] ● 雇用開始時に、労働者に試用期間終了後に正規雇用に移行するかどうかを判断する基準を示さなければならず、当該基準が示されなかった場合、原則として正規雇用とみなされる ● 試用期間終了後も雇用が継続している場合、労働者の希望に基づく試用期間の延長が行われない限り、正規雇用とみなされる

（注1）　雨季や乾季といった天候上の区分を必ずしも指すものではなく、業務の増加等の理由により、使用者が労働力を追加的に確保することが正当化される期間を指す。典型的には、農業における収穫期、漁業における盛漁期等がこれに該当するが、休暇シーズン中の飲食業等、いわゆるハイシーズンにおいて季節雇用を活用することも認められる。

（注2）　労働法 296 条では、試用期間の上限は、「six（6）months」と規定されているが、特定の暦月を指さない限り 1 か月は 30 日を意味するとの一般原則に基づき、試用期間の上限は 180 日となると解されている。

労働力のみの請負
（labor only contracting）の禁止

　使用者が、労働者を雇用する負担を回避する目的で外部に業務を委託する行為は、一定の場合には、「労働力のみの請負（labor only contracting）」（労働法 106 条）として禁止されている。具体的には、以下のいずれかに該当する場合には「労働力のみの請負」に当たり、委託者から受託者に対する業務委託ではなく、委託者が当該委託業務に従事する労働者を雇用しているとみなされる（労働法 106 条）。

- 請負業者が実質的な資本を有しない、または、道具・設備・機械・監督・労働場所等について投資を行っていない場合で、かつ請負業者の労働者が委託者の主たる事業に直接関連する業務に従事する場合
- 請負業者が委託業務に従事する労働者の職務について管理監督を行わない場合

　これに対し、労働雇用省の Department Order（DOLE Department Order No.174, Series of 2017）は、適法な業務委託の要件として、以下を定めている。雇用ではなく業務委託の形式を確保するためにはこれらの要件を遵守する必要がある。

- 請負業者が、自ら決定した方法に基づいて、自らの責任で、独立した事業を行っていること
- 請負業者が、委託業務を遂行するための相当な資本を有し、投資（道具・設備・機械等）を行っていること
- 請負業者が、委託業務の遂行に際してあらゆる事項（ただし、委託業務の結果を除く。）について、委託者の監督を受けないこと
- 業務委託契約において、請負業者の労働者に関する労働法上の権利保護や福利厚生の遵守が図られていること

　また、請負業者は労働雇用省に請負業者として登録する必要がある。請負

業者が登録を怠った場合、当該請負業者は「労働力のみの請負」を行っていると推定される。

　上記の他、業務委託契約において一定の事項（①委託業務の具体的な内容（業務の期間も含む。）、②委託業務を行う場所その他の契約条件（請負コストの10％以上の管理費用を定めることを含む。）、③請負業者が委託者に対して差し入れる保証金）を定めなければならない等、適法に業務委託を行うためには一定の要件を満たす必要がある。

（2）雇用契約書の作成

　労働契約の成立に、書面によること等の特定の要式は不要である。また、労働契約において合意が必要な特定の項目についても法定されておらず、原則として、労働者が労務を提供し、使用者がこれに対して賃金を支払うことを当事者間で合意することにより労働契約は成立する。

　もっとも、労働者と合意した労働条件を証するために、雇用契約書を作成しておくことが望ましい。特に、雇用形態として上記（1）の非正規雇用を採る場合には、各類型に要求される要件が当事者間で合意されていることが必要となるため、雇用契約書を作成、締結することが強く推奨される[1]。

1）　例えば、試用期間雇用については、正式雇用として採用する前の一定期間がいわゆる「試用期間」であることを示す書証がなければ、試用期間の設定は認められず、雇用開始時点より正規雇用であったものとみなされることになる。

Column	フィリピンの就業規則

　フィリピンでは、法令等により特別に要求される場合[2)]を除き、労働条件や職場での規律等について定める日本の就業規則のような内部規則の作成義務は使用者に課されていない。ただし、フィリピンの労働規制上使用者に認められる経営権（Management prerogative）に基づき、使用者側で、使用者内での統一的な雇用管理を確保する観点から、配転、給与、服務、懲戒等の細かな労働条件について規則を定め、これらをまとめた従業員ハンドブック（Employees' Handbook）を作成するのが通例である。

　上記の規則や従業員ハンドブックの内容の最終的な決定権限は使用者にあり、使用者は経営権に基づき労働条件を変更することもできると考えられている。しかし、経営権は絶対的なものではなく、その濫用は許されないため、使用者が労働者に不当な不利益や過度の負担を与えることはできず、給与や労働時間等の重要な労働条件の変更には、労働者の同意が必要になると考えられている。

---

2)　安全衛生に関する規則（Occupations Safety and Health Standard Policy and Program）、薬物の禁止に関する規則（Drug-Free Workplace Policies and Programs for the Private Sector）、HIV/エイズ予防・管理の規則（Guidelines for the Implementation of HIV and AIDS Prevention and Control in the Workplace Program）、結核予防・管理の規則（Guidelines for the Implementation of Policy and Program on Tuberculosis (TB) Prevention and Control in the Workplace）、セクシュアルハラスメント防止規則（Anti-Sexual Harassment Workplace Policy）、メンタルヘルスに関する規則（Guidelines for the Implementation of Mental Health Workplace Policies and Programs for the Private Sector）等。

2. 労働契約の終了

　労働契約の終了には、労働者による辞職と、使用者と労働者の合意に基づく合意解約の場合に加え、使用者側からの一方的な意思表示による契約終了（解雇）の場合があり得る。

　解雇の場合、労働者の在職権の保障（Security of tenure）の観点から、解雇規制として、使用者が有効に解雇を行うために充足すべき要件が法律上定められている。なお、非正規雇用の場合[3]であっても、雇用期間の途中で使用者側から労働契約を終了する場合には同様の解雇規制が及ぶ。

(1) 辞職・合意解約

　労働者は、事由の如何を問わず、使用者に対する1か月前の予告により、労働契約を一方的に終了させることができる（辞職）（労働法 300 条）。

　また、合意解約により労働契約を終了することも可能である。実務上、正当事由に基づく解雇が可能な場合であっても、合意による円満な雇用関係の解消とするために合意解約を活用する実態がある。ただし、形式的には合意解約の形を採っていたとしても、労働者の合意が強制されたものであると判断された場合には、実質的な解雇（Constructive dismissal）[4]と認定され、無効な解雇が行われたとして、当該労働者の復職や解雇期間中に支払うべきであった金銭の支払を命じられる可能性がある。そのため、合意解約の場合、労働者の意思表示の任意性・自発性を確保する必要がある。

---

3)　上記 1.（1）のとおり、雇用開始時点では非正規雇用の要件を充足していた場合であっても、その後の取扱いによっては正規雇用とみなされることもあり得る。その場合、雇用契約上の非正規雇用の終了時に解雇規制が及ぶことになる（つまり、所定の要件を充足しない限り、契約終了は有効なものと認められない。）点に留意が必要である。

4)　Constructive dismissal とは、降格や給与の減額、使用者の明らかな差別的行為その他の事由により、雇用の継続が不可能・不合理となり、労働者が雇用関係の解消を余儀なくされることを指す。

（2）解雇

　フィリピンでは、現行憲法 13 章 3 条および労働法 294 条が労働者の在職権を保障（Security of tenure）している。「在職権の保障（Security of tenure)」は、正当な理由と適正な手続によらない限り、雇用が保障されることを意味する。具体的には、使用者による一方的な労働契約の終了は、正当事由（Just Causes）に基づく解雇（労働法 297 条）または公に認められる事由（Authorised Causes）に基づく解雇（労働法 298 条および 299 条）の場合にのみ認められており、それぞれの解雇の場合において採るべき手続的要件も法定されている。加えて、公に認められる事由に基づく解雇の場合には、解雇手当（Separation Pay）の支払も必要となる[5]。

　日本と同様、フィリピンにおいても、労働者に有利な解雇法制が用意されているといえる。

①　正当事由に基づく解雇

　正当事由に基づく解雇は、労働者に帰責性がある場合の解雇である。日本における懲戒解雇におおむね類似するが、解雇事由は法定されており（下記(a)）、また、解雇に至るまでの手続に関しても詳細に法定されている（下記(b)）。一方、正当事由に基づく解雇の場合、日本における解雇予告（またはそれに代わる解雇予告手当の支払）に相当する義務はなく、また、下記②で詳述する公に認められる事由に基づく解雇の場合とは異なり、解雇手当の支払義務もない。

（a）実体的要件

　正当事由に基づく解雇のための具体的な解雇事由は、労働法 297 条各号に列挙されている。各解雇事由およびその概要・具体例は、図表 8-3 のと

---

5)　手続的要件違反または解雇手当の不払いがあっても、解雇が無効となるものではないが、労働者による名目的損害賠償請求が認められる。正当事由に基づく解雇の手続的要件違反において 30,000 ペソの賠償が認められた例や、公に認められた事由に基づく解雇の手続的要件違反において 50,000 ペソの賠償が認められた例がある。

【図表 8-3　正当事由の概要・具体例】

号数	解雇事由	概要・具体例
(a)	重大な非違行為または使用者（もしくはその代理人）の正当な業務命令の故意の違反	● 「重大な非違行為」は、セクシャルハラスメントや勤怠打刻の不正等、業務に関連するものでなければならない ● 「正当な業務命令の故意の違反」については、重大性が要求され、競業避止義務違反、秘密保持義務違反および配転拒否等が該当する
(b)	重大かつ常習的な職務怠慢	● 一定期間において繰り返される職務遂行における注意不足をいう ● 正当な理由のない度重なる職務放棄（遅刻や欠勤も含む。）もこれに該当しうる
(c)	不正または使用者（もしくはその代理人）からの信頼の故意の裏切り	● 「不正」は、法律上の義務、正当な信頼・信用に違反し、他人に損害を与える作為・不作為・隠蔽と定義されているが、業務や使用者と無関係の不正は含まれない ● 「信頼の故意の裏切り」については、①労働者が管理職、出納係、監査人等の信頼と信用に値する地位にあることおよび②労働者の行為が当該信頼と信用の失墜を正当化する程度に悪質な裏切りであることが必要とされる
(d)	使用者個人、その家族または正当な権限を有する代理人に対する犯罪	● 使用者個人等の自然人に対する犯罪があった場合 ● 「家族」は使用者個人の配偶者・4 親等内の親族・3 親等内の姻族等を指す
(e)	上記（a）～（d）に類する行為	● 例えば、石油会社の製品の運搬を担当するトラック会社の労働者が、石油の違法流用の疑いで当該石油会社の敷地への立入りを禁止された場合等

おりである。

　正当事由に基づく解雇が有効であるためには、日本の懲戒解雇と同様に、処分の相当性（行為と処分とのバランス）が要求される[6]。この判断にあたっては、非違行為の態様・重大性、生じた結果の重大性、労働者の勤続年数や

過去の処分歴、過去の同種事案における処分の内容等の諸般の事情が考慮される。

（b）手続的要件

正当事由に基づく解雇を行うためには、2 段階の通知（Twin Notice）を主な内容とする、図表 8-4 のとおりの手続を遵守する必要がある（DOLE Department Order No.147-15）。

② 公に認められた事由に基づく解雇

公に認められた事由に基づく解雇は、主として経営上の必要性という使用者側の事情に基づいて行われる解雇である。日本における整理解雇におおむね類似するが、経営上の必要性の種類や程度等によって類型化されている（労働法 298 条および 299 条）ことに加え、法定の金額の解雇手当を支払う必要がある点に特色がある。

（a）実体的要件

公に認められる事由に基づく解雇の類型は労働法 298 条および 299 条に列挙されている。各類型およびその概要は、図表 8-5 のとおりである（DOLE Department Order No.147-15）。

省人化機器の導入、余剰人員の整理および赤字回避のための人員削減では、解雇の対象となる労働者の選定が必要となる。この場合、解雇対象者の選定にあたっては、公平かつ合理的な基準が必要となる。この場合の選定基準としてよくみられる例としては、雇用形態、労働者の仕事の能率、労働者の健康状態等があるが、フィリピンでは勤続年数が特に重視されており、最後に雇用された労働者がまず解雇の対象となるという LIFO（Last in-first out）ルールが浸透している実態がある[7]。

6）　日本と同様に、フィリピンにおいても、労働者に対して、降格・停職等の懲戒処分を課すことが可能である。より軽い処分を課すことで制裁として十分な場合には、正当事由に基づく解雇は認められない。

7）　そのため、この点を明記した労働協約が締結される例もみられる。

【図表 8-4　正当事由に基づく解雇の手続】

---

①1 段目の通知（解雇事由の通知）

まず、下記の内容を含む通知を労働者に行う必要がある。

- 当該労働者が該当する労働法 297 条の解雇事由および（該当するものがある場合には）使用者の規則
- 解雇事由の基礎となる事実と状況の詳細の具体的な説明
- 通知受領後の合理的な期間内に書面による弁明の機会が与えられる旨の説明

②弁明の機会の付与

- 1 段目の通知を労働者が受け取ってから、書面による弁明を行うまでに少なくとも 5 日は確保する必要がある
- 以下のいずれかの場合には、使用者は、正式なヒアリングや当該労働者との面談を行わなければならない
  - ➤ 当該労働者からの書面による要求がある場合
  - ➤ 証拠上の実質的な争いがある場合
  - ➤ 使用者の規則や労使慣行で要請される場合
  - ➤ 上記に類する場面

③2 段目の通知（解雇通知）

- 上記手続の結果、使用者において当該解雇が正当であると判断した場合には、労働者に対して、下記の内容を含んだ解雇通知を行う
  - ➤ 解雇事由に関連するすべての状況が考慮されたこと
  - ➤ 解雇を正当化する理由があること

（b）手続的要件

　公に認められる事由に基づく解雇の場合には、解雇予告を行う必要があり、解雇の効力発生日の少なくとも 30 日前までに、労働者本人および労働雇用省に、解雇事由を明記した書面により通知しなければならない（労働法 298 条)[8]。

　なお、正当事由に基づく解雇の場合に必要とされる 2 段階の通知は、公に認められる事由に基づく解雇のうち労働法 299 条に基づく労働者の疾病

【図表8-5　公に認められる事由の類型および概要】

条文	類型	概要
298条	省人化機器の導入	● 機械や設備そのほかの機器の導入の目的が、コスト削減や効率化等、正当な経済的理由であることが必要
	余剰人員の整理（Redundancy）	● 過剰な採用、事業の縮小・廃止、コストカット、経営の合理化等により、経済的かつ効率的な方法で事業を運営するために合理的に必要な程度を超える過剰な労働力を有する状態にあることが必要
	赤字回避のための人員削減	● 赤字が重大または切迫したものであることおよび、人員削減による赤字回避の可能性が高いことが必要 ● 使用者は、人員削減に先立ちまたは人員削減と並行して、赤字を回避するためのほかの措置（人件費以外のコストカット等）(注1) を講じる必要がある
	廃業	● 労働者の在職権を侵害する目的でない限り、廃業の理由は問わない
299条	労働者の疾病	● 疾病に罹患した労働者の雇用継続が法律で禁じられているかまたは当該労働者もしくはほかの労働者の健康にとり有害である場合 ● 適切な治療を受けたとしても当該疾病が6か月以内に治療不可能なものである旨の管轄の公衆衛生当局(注2) による認定が必要

（注1）　日本の整理解雇においては、解雇回避努力義務として、労働者をほかの職種や事業所へ配転することが求められる事例が多いが、フィリピンでは、解雇を回避する措置として配転までは通常求められない。

（注2）　「管轄の公衆衛生当局」は、解釈上、当該疾病に関する専門知識を有する政府雇用の医師を指すと考えられており、産業医の認定では足りない。

---

8)　解雇予告期間分の給与を支払うことで当該期間を短縮し、早期に解雇を実施することは認められない。解雇予告期間中の当該労働者の労務提供を免除し出勤を停止することはできるが、この場合でも、解雇の効力発生日は予告から30日後となる。

【図表 8-6　解雇事由と解雇手当の金額】

解雇事由	解雇手当の金額
省人化機器の導入 余剰人員の整理	解雇時における 1 か月分の賃金額に勤続年数[注1]を乗じて得られる金額。ただし、最低でも 1 か月分の賃金額は支払う必要がある（労働法 298 条）。
赤字回避のための人員削減 廃業（深刻な経営難を理由とする場合を除く） 労働者の疾病	解雇時における 1 か月分の賃金額の 2 分の 1 に勤続年数を乗じて得られる金額。ただし、最低でも 1 か月分の賃金額は支払う必要がある（労働法 298 条および 299 条）

（注 1）　労働法 298 条および 299 条には、1 年未満 6 か月以上の端数は 1 年間とみなすとの規定がある。一方、6 か月未満の期間については、日割計算により勤続年数として考慮するべきと解されている。

を原因とする解雇の場合においても必要であり、この場合は 2 段階の通知と解雇予告をあわせて行わなければならない。

（c）解雇手当の支払

公に認められる事由に基づく解雇の場合には、解雇の効力発生日から 30 日以内に解雇手当を労働者に支払わなければならない。

解雇手当の金額は、適用される解雇事由により異なる計算式が定められており、概要は図表 8-6 のとおりである。なお、深刻な経営難を理由とする廃業の場合には、解雇手当の支払は必要とされていない。

Column　　労働者の能力不足に基づく解雇

日本における解雇は、一般に①労働者の規律違反行為に基づくもの、②経営上の必要性に基づくもの、および③労働者の労働能力の欠如（疾病による就労不能、能力不足）に基づくものに分類される[9]。

これらは、おおむね①はフィリピンにおける正当事由に基づく解雇に相当

し、②および③の疾病による就労不能は、フィリピンにおける公に認められる事由に基づく解雇に相当する。他方、上記③のうち、「労働者の能力不足（勤務成績不良や適格性の欠如）」については、フィリピン法上で対応する明確な規定がなく、フィリピンにおいては、労働者の能力不足を理由とする解雇は法律の明文規定上認められていないことになる。そのため、労働者の能力不足を理由とする解雇は一般に困難であり、その能力不足の程度が、正当事由に基づく解雇の解雇事由の一つである、「重大かつ常習的な職務怠慢」（労働法297条（b））にまで達していると判断される場合にのみ適法かつ有効に解雇を行うことができると解される点に注意が必要である。

③　解雇無効の効果

　解雇に正当事由または公に認められる事由が認められない場合、当該解雇は無効となる。このような場合には、労働者は、元の勤続年数や職位等を維持したまま復職する権利および解雇がなかったとすれば得られたであろう賃金相当額の支払[10]を受ける権利を有する（労働法294条）。

III.　労働条件

　労働法およびそのほかの関連規制に定められている法定の労働条件のうち、主なものとして、労働時間および休暇・休日ならびに賃金について以下解説する。上記Iのとおり、労働法規に定められた労働条件は、労働者保護の観点から強行法規性を有するものであると解されている。そのため、労働法規において要求されるレベルよりも労働者に不利な内容の労働条件は、使用者と労働者の間で合意したとしても効力を有しないものと考えられる。他方、労働法規の規定は労働条件の最低ラインを定めるものであるため、当事者間

---

9)　水町勇一郎『詳解労働法〔第3版〕』（東京大学出版会、2023年）1008頁
10)　中間収入（他所で就労して得た賃金）の控除は認められないと解されている。

で、労働者により有利な内容の労働条件について合意することは可能である。

1. 労働時間および休暇・休日

（1）労働時間

　法定労働時間は、原則として1日あたり8時間である（労働法83条）。ここでいう「労働時間」には勤務地において職務に従事することが求められる時間だけでなく、勤務時間中の短時間の休憩時間を含む（同84条）。労働時間中には、原則として60分以上の食事休憩を付与しなければならない。

　上記原則の例外として、労働者との合意に基づき、1週間あたり48時間かつ1日あたり12時間の範囲内で法定労働時間を伸長できる、コンプレスト・ワーク・ウィーク制度（Compressed Work Week）が認められている。

　なお、フィリピンの労働法規上、このような「法定労働時間」という概念は、1日や1週間における労働時間の上限を定める（それを超えて労働に従事させることは違法となる）という趣旨のものではない。むしろ、「法定労働時間」の概念は、㈡緊急の対応が必要な一定の場合[11]を除き、原則として、労働者の同意がない限り、使用者は、「法定労働時間」を超える労働に従事することを命じることができず、㈡「法定労働時間」を超えた労働に関しては所定の割増賃金の対象となる、といった形で機能する。

---

11)　①生命、財産の喪失を防ぐ場合、または重大な事故、火災、洪水、台風、地震、伝染病そのほかの災害や惨事により当該地域で非常事態が発生し、もしくは発生するおそれがあり、公共の安全が危険にさらされる場合、②使用者が深刻な損失や損害、または同様の事態が生じることを回避するため機械、設備、装置を使用し緊急の作業をする場合、③腐敗しやすい商品の損失、損害を回避するための作業が必要な場合、④使用者の業務や経営に深刻な障害や不利益を回避するため、8時間労働が終了する前に開始した作業を遂行、継続する必要がある場合がこれに該当する。

(2) 休日・休暇

① 法定休日

　法定休日については、まず、一般的な休日として、連続 6 日間の通常勤務ごとに 24 時間以上の休息を提供することが使用者の義務として定められている。通常は土日が週休として定められることが一般的であるものの、フィリピンでは、労働者が宗教的理由により特定の曜日を休日として指定する権利を有している。

　次に、元旦（1 月 1 日）やメーデー（5 月 1 日）、クリスマス（12 月 25 日）等の一般祝祭日[12]と、大統領府が毎年指定[13]する特別休日がある。2024 年の一般祝祭日および特別休日は図表 8-7 のとおりである。

　法定休日の種類は、上記のとおり、(イ)一般的な休日、(ロ)一般祝祭日および(ハ)特別休日の 3 種類であるが、これらの休日に勤務した場合に支払われる割増賃金の計算方法は、それぞれ異なっている（下記 2.（3）参照）。

② その他の休暇

　上記①の法定休日のほか、労働者には、勤続期間等の所定の要件を満たす場合にさまざまな休暇が付与される。主な休暇とその日数および付与されるための要件について、それらの概要は図表 8-8 のとおりである。

2. 賃金

(1) 賃金支払方法

　労働者に対する賃金の支払は、原則として、事業の場所（place of under-

---

12)　一般祝祭日の中には、「3 月の最終木曜日」のような形で、その具体的な日付が毎年変動するものもある。

13)　ほとんどの特別休日は前の年に指定がなされるが、一部の特別休日は、その直前に突然指定されることもある。

【図表 8-7　2024 年の一般祝祭日および特別休日】

【一般祝祭日】

1 月 1 日	元旦	New Year's Day
3 月 28 日	聖木曜日	Maundy Thursday
3 月 29 日	聖金曜日	Good Friday
4 月 9 日	勇者の日	Araw ng Kagitingan
5 月 1 日	メーデー	Labor Day
6 月 12 日	独立記念日	Independence Day
8 月 26 日	英雄の日	National Heroes Day
11 月 30 日	ボニファシオ・デー	Bonifacio Day
12 月 25 日	クリスマス	Christmas Day
12 月 30 日	リザール・デー	Rizal Day

【2024 年の特別休日】

2 月 9 日	追加特別休日	Additional Special (Non-Working) Day
2 月 10 日	中国旧正月	Chinese New Year
3 月 30 日	聖土曜日	Black Saturday
8 月 21 日	ニノイアキノ記念日	Ninoy Aquino Day
11 月 1 日	万聖節	All Saints' Day
11 月 2 日	万霊節	All Souls' Day
12 月 8 日	聖マリア祭	Feast of the Immaculate Conception of Mary
12 月 24 日	クリスマスイブ	Christmas Eve
12 月 31 日	大晦日	Last Day of the Year

taking）で、直接、現金で（慣習上認められる場合には小切手や為替も可能）支払わなければならない（労働法 102 条、104 条、105 条）。労働法上の原則は現金払いであるものの、実務運用上は、労働者との合意に基づく銀行振込により支払が行われているのが実情である。

　なお、賃金は、原則として、2 週間ごとまたは 16 日以内の間隔で月に 2

【図表 8-8　主な法定休暇の概要】

法定休暇	日数	付与要件
有給休暇	5 日/年	勤続期間 1 年以上
出産休暇	60 日（帝王切開の場合は 78 日）	直前 12 か月間に社会保険料の納付を 3 回以上行っている女性労働者
女性の特別休暇	2 か月	直前 12 か月間に 6 か月以上勤務している女性労働者が婦人科疾患の手術を受けた場合
父親育児休暇	7 日	同居している妻が出産または流産した場合（4 回目まで）
単親特別休暇	7 日/年	18 歳未満の子供を持つ単親の労働者
家庭内暴力被害女性休暇	10 日/年	家庭内暴力の被害を受けた女性労働者

回、支払わなければならない。2 週間以内に完了しない業務に従事する労働者については、㈔ 16 日以内の間隔で業務達成率に応じて支払うか、㈠業務完了時に全額の支払を行う、という対応をとる必要がある（労働法 103 条）。

　また、毎月の賃金の支払に加え、毎年 12 月 24 日までに 13 月給与（各種手当を含む基本賃金額の 1/12 相当額）の支払が必要とされている。つまり、すべての労働者は、1 年間に少なくとも月額賃金 13 か月分を受け取ることができる。

（2）法定最低賃金

　法定最低賃金は、賃金合理化法（Wage Rationalization Act, Republic Act 6727）に基づき、エリアごとに異なる金額が定められる。具体的な最低賃金額は、地域三者賃金生産性委員会（Regional Tripartite Wage and Productivity Board）が労働市場の状況、物価の状況、地域経済の状況等を踏まえて決定することになっている。なお、2024 年 7 月時点におけるマニラ首都圏エリアの最低賃金額（日額）は、非農業部門において 645 ペソ、従業員 15 名以下の農業、サービスまたは小売部門および従業員 10 名以下の製造業にお

【図表 8-9　法定労働時間外の割増賃金】

就労日	増加率
通常の営業日	25％
休日（一般的な休日、特別休日および一般祝祭日）	30％

【図表 8-10　休日の割増賃金】

就労日	増加率
一般的な休日	30％
特別休日	30％
一般祝祭日	100％

いて 608 ペソである。

（3）割増賃金

　上記 1.（1）のとおり、法定労働時間を超える労働については、通常賃金に、図表 8-9 のとおりの増加率を乗じた割増賃金が支払われなければならない。ただし、管理監督者に該当する労働者についてはかかる割増賃金は適用されない。

　休日（一般的な休日、特別休日および祝祭日をいう。）の労働に関する割増賃金の計算方法についても同様である。通常賃金に、図表 8-10 のとおり、休日の区分に応じて定まる増加率を乗じた割増賃金が支払われる。

　なお、一般的な休日と特別休日が重なった場合や、一般的な休日と一般祝祭日が重なった場合、通常賃金に、各休日に対応する増加率をそれぞれ乗じて算出される金額が、当該休日の割増賃金となる。例えば一般的な休日として定めた日曜日（増加率 30％）と一般祝祭日であるクリスマス（増加率 100％）が重なった場合、その休日の割増賃金額は通常賃金の 260％ となる[14]。

---

14)　通常賃金×(1＋0.3)×(1＋1)

【図表 8-11　休日の法定労働時間外の割増賃金額の計算方法】

就労日	割増賃金の計算方法
一般的な休日	通常賃金×(1＋0.3)×(1＋0.3)
特別休日	通常賃金×(1＋0.3)×(1＋0.3)
一般祝祭日	通常賃金×(1＋1)×(1＋0.3)
一般的な休日かつ特別休日	通常賃金×1.5×(1＋0.3)
一般的な休日かつ一般祝祭日	通常賃金×(1＋0.3)×(1＋1)×(1＋0.3)

　また、休日に、法定労働時間を超えて労働した場合（例えば、一般祝祭日である元旦に、法定労働時間である 8 時間を超えて労働したような場合）、法定労働時間超過部分については、休日労働分の割増に関する増加率に加え、法定労働時間外労働分の割増に関する増加率も乗じた金額が支払われる。これらを整理すると、休日における法定労働時間を超えた部分の割増賃金の計算方法は図表 8-11 のとおりである（なお、一般的な休日かつ特別休日の場合のみ、この原則とは異なる計算方法となる。）。

　上記に加え、午後 10 時から午前 6 時までに行われる執務については、夜間労働として通常賃金の 10% 以上増しの賃金を支払う必要がある。

Ⅳ.　集団的労使関係

　現行憲法上、労働者の結社の自由として種々の労働者団体を結成する自由が保障されている（現行憲法 3 章 8 条）。また、労働者による団体交渉権や、法律に定めるところにしたがってストライキを行うことを含む平和的な手段による団体行動権も憲法上の権利として認められている（現行憲法 13 章 3 条）。

1.　労働者団体の種類

　フィリピンにおける労働者団体としては、(イ)労働組合、(ロ)労働者協会および(ハ)労使協議会が挙げられる。そして、(イ)のうち、所定の要件を満たし当局に登録された労働組合は、労働者を代表して、使用者との間で労働協約を締結する権限を有する。以下のそれぞれの労働者団体の概要について解説する。

(1)　労働組合 (Labor union)

　労働組合は、団体交渉や雇用条件に関する使用者との取引等を目的として結成される。使用者との団体交渉や取引等において同一の組合に代表されるべき範囲（団体交渉単位 (collective bargaining unit)）[15] の労働者のうち、少なくとも 20% が加入していること等の所定の要件を満たす労働組合は、適法労働団体 (Legitimate labor organizations) として登録が可能である。適法労働団体として登録された労働組合は、労働者の代表として使用者との団体交渉を行い、労働協約を締結することができる資格を取得する（労働法 240条、251 条）。

(2)　労働者協会 (Workers' association)

　労働者協会は構成員の相互扶助と保護等の団体交渉以外の合法的な目的のために結成される。法律上の要件は、労働者協会の構成員が共通の利害を有していることのみとされている (DOLE Department Order No.40-03)。

(3)　労使協議会 (Labor management council)

　労使協議会は使用者と労働者双方の代表で構成される機関であり、労働者

---

15)　利害を共有する労働者のグループを指す。使用者を異にする労働者が一つの団体交渉単位を構成することはなく、団体交渉単位は、特定の使用者の全従業員またはその中の特定の労働者のグループから構成される。管理職と一般社員は通常、別の団体交渉単位を構成する。

の権利や手当、福祉に直接影響する施策および意思決定過程に、労働者が参
加することを目的とする。労働者の代表は、事業所の全従業員の過半数によ
って選出されなければならない（労働法 267 条）。

2.　団体交渉・労働協約

　使用者が労働者を代表するすべての組合と団体交渉を行わなければならな
い日本とは異なり、フィリピンでは、使用者は、団体交渉単位（collective
bargaining unit）において、排他的交渉代表（Exclusive Bargaining Representa-
tive）として選出され、組合員のみならず全労働者を代表することとなった
一つの法適合組合のみと団体交渉を行い、労働協約を締結することになる。

　団体交渉では、労働者の経済的地位に関連する労働条件（賃金、労働時間
等）のみならず、ユニオンショップ協定等、労働者の経済的地位とは離れた
労働条件についても交渉することができる。

3.　ストライキ

　フィリピンでは、団体交渉において労使間の協議が不調に終わった場合や、
使用者が団体交渉に応じないなどのいわゆる不当労働行為があった場合に、
図表 8-12 の手続を履践した上で、適法労働団体に所属する労働者において
ストライキを行う権利が認められており[16]（労働法 278 条）、合法的なスト
ライキに参加した労働者は、民事免責、刑事免責および不利益取扱いの禁止
という効果を享受することができる。

---

16)　使用者によるロックアウト（工場の閉鎖等により労働者が就業できないような措置
　　を採ること）の場合も同様である。

【図表 8-12　ストライキ実施の手続】

① ストライキの通告
　労働雇用省（具体的には、全国あっせん調停委員会（National Conciliation and Meditation Board:「NCMB」）の地域支部）に対してストライキを通告

② NCMB のあっせん（冷却期間）
　NCMB による調停・和解の試み（団体交渉のデッドロックを理由とする場合には 30 日間、不当労働行為を理由とする場合には 15 日間）

| 調停・和解の不成立 | 調停・和解の成立 |

③ ストライキ実施に関する決議
　24 時間以上前に NCMB に対して通告した上で、無記名投票により、ストライキの実施について適法労働団体の構成員の過半数の賛成を得る

④ ストライキ前の通告
　ストライキ実施の 7 日前までに、③の結果を NCMB に通知

V. 労働紛争解決手続

　フィリピンの労働紛争は、通常の民事訴訟とは異なり、第 1 審として、当該紛争事案の内容や請求金額等により、中央労使関係委員会（National Labor Relation Commission）または労働雇用省による紛争解決手続にまず付されることになる。労働紛争に関する紛争解決手続のフローを整理すると概要は図表 8-13 のとおりである。

　また、フィリピンでは、労働関連法令および労働契約は、労働者の安全および労働者の適正な生活に資するよう解釈されると明文で規定されており（民法 1702 条）、労働紛争における重要な原則となっている。

【図表 8-13　労使関係の裁判体系】

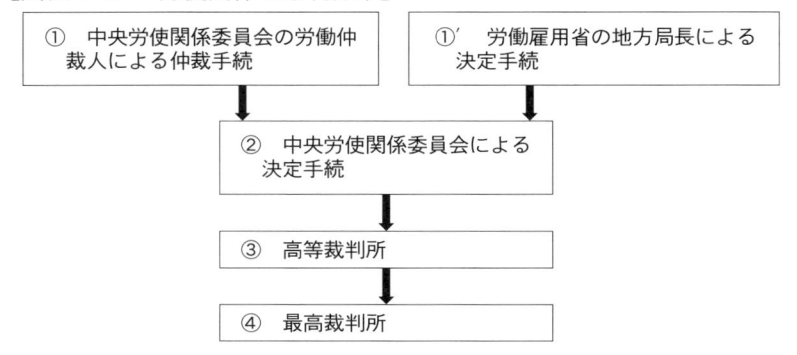

1. 中央労使関係委員会の仲裁手続

　フィリピンでは、以下の労働事件については、中央労使関係委員会の労働仲裁人が第一審の排他的管轄権を有する（労働法 224 条）。そのため、フィリピンでは、労働事件の大半は、訴訟手続ではなく、まずは中央労使関係委員会の仲裁手続が前置されることになる。

- 不当労働行為事案
- 解雇に関する紛争
- 復職要求を伴う、賃金、労働時間そのほかの労働条件に関連する労働者の申立てによる紛争
- 労使関係から生じた損害賠償請求
- ストライキの適法性に関する論点を含む、団体交渉権の侵害に起因する紛争
- 5,000 ペソを超える金銭の請求を伴う労使関係から生じるそのほかの請求（労災補償、社会保障、医療補償、および出産手当の請求を除く）

　中央労使関係委員会の労働仲裁人は、仲裁手続に付されてから 30 日以内

に決定を行う。当該決定については、受領から 10 日以内であれば、所定の対応[17] を行った上で、中央労使関係委員会に対して不服申立てを行うことができる（労働法 229 条）。

中央労使関係委員会の決定に対しては、高等裁判所の再審理を経て、最終的には、最高裁判所の審理を受けることができる。

2. 労働雇用省の管轄事件

労使関係から生じる、賃金、そのほかの金銭的請求・給付請求のうち、5,000 ペソを超えない事件については、労働雇用省の地方局長が管轄を有する（労働法 129 条）。

労働雇用省の地方局長の決定に対しては、決定の受領から 5 日以内であれば、中央労使関係委員会に対して上訴することができる（労働法 129 条）。

---

17) 金銭の支払を命じる決定の場合、当該金額と同額の保証金を支払うか、保証の差し入れが必要となる。解雇した労働者の復職を命じる決定の場合、解雇前と同条件で復職させるか、未払となっていた解雇期間中の賃金を支払うことが必要となる。

第 9 章
贈収賄

I. フィリピンにおける贈収賄の状況

　トランスペアレンシー・インターナショナル[1] が公表する 2023 年汚職認識指数において、フィリピンは 180 か国中 115 位であり、海外事業展開において汚職に注意すべき国の一つといえる[2]。

　フィリピンにおける贈収賄は、政府機関から取得する許認可に関して要求されることがあり、とりわけ、ビジネス上の必要により、迅速に許認可を取得することを希望する場合には、政府機関から賄賂の支払を求められるリスクがある。また、日常的に製品や原材料の輸入を行っており、関税、手数料および納税について税関当局や内国歳入庁との間で頻繁にやりとりをしている業界も贈収賄のリスクがあるといわれる[3]。

　贈収賄の蔓延による国内の経済的な損失は大きく、フィリピン政府は、贈収賄やその他の汚職の排除に力を入れ、執行を強化している。

---

1)　トランスペアレンシー・インターナショナルは、ベルリンに本部を有する、汚職の研究を専門とする NGO である。

2)　トランスペアレンシー・インターナショナルが発表するデータによれば、フィリピンにおいて過去 12 か月間に賄賂を支払った公共サービス利用者の割合は 19% にのぼる。

3)　経済産業省が定める「外国公務員贈賄防止指針」では、日本国外において企業が贈収賄に特に注意すべき一般的な場面として、税関関係、税務関係、入国管理関係、労働関係（就労許可証の申請）、建設許認可関係、環境基準関係、商業関係、農水産品の輸出入関係、警察関係、司法関係、公営銀行、地方政府などがあげられている。

II.　フィリピンにおける贈収賄規制の概要

1.　贈収賄規制に関する法令等の状況

　フィリピンにおいて、贈収賄を取り締まる基本的な法律は、(i)改正刑法および(ii)汚職防止法である。

　(i)改正刑法は、その行為形態に応じて、(ア)直接収賄（direct bribery）、(イ)間接収賄（indirect bribery）、(ウ)特別収賄（qualified bribery）という３つの類型を定め、当該類型に該当する贈収賄を規制する。他方、(ii)汚職防止法は、腐敗政治の削減と公務の公正を目的に制定されたものであり、改正刑法における贈収賄に該当する行為のみならず、一定の具体的な違法行為の類型を定めた上で、贈収賄を誘発する行為（例えば、公務員が、その地位に基づかずに継続的に贈答品等を収受するような行為）も規制する。

　さらに、(iii)公務員倫理規範は、公務員の一定の行為規範および倫理規範を定め、私人であっても公務員の共同正犯、幇助犯として処罰されうる旨が定められている。

　このほか、改正刑法や汚職防止法の潜脱行為に対処するために、(iv)大統領令46号（Presidential Decree No. 46）が、公務員の地位に基づく贈答品の受領および提供は、クリスマスを含むいかなる場面においても禁じられる旨を定めている。また、(v)改正会社法が会社による汚職行為への関与に関する規制を定めている。

2.　贈収賄規制の執行体制

　フィリピンでは、贈収賄規制に関する捜査、被疑者の訴追等は、司法省の中に設置された、国家調査局（National Bureau of Investigation）が行う。ただし、贈収賄は公務員に関する犯罪であるため、一般的な司法権限を有する

司法省とは別に、オンブズマン（行政監察院）も調査権限を有する。オンブズマンは、自ら、または市民からの申立てに基づき、公務員（選挙で選ばれた公務員とその他の公務員のいずれも含む）による作為や不作為が、違法、不正、不適切または非効率であった場合に、当該行為を調査する権限を有している。

　フィリピンでは、贈収賄規制違反について特別な裁判所が設置されており、司法省またはオンブズマンにより訴追がなされた場合、反汚職裁判所（サンディガンバヤン：Sandiganbayan）が専属的な管轄権を有する。

　なお、以上のような一般的な贈収賄規制の捜査機関、裁判所のほか、元大統領フェルディナンド・マルコスやその近親者等により不正に取得された資産の清算を目的に、「良い政府のための大統領委員会」（Presidential Commission on Good Government）が設置されている。また、会社による汚職行為への関与に関する改正会社法の違反については、当該会社に対して調査や制裁を行う権限が証券取引委員会に付与されている。

Ⅲ.　フィリピン法における贈収賄規制の詳細

　本項では、フィリピンにおける贈収賄規制の詳細について、その構成要件、適用範囲、罰則等の解説を行う。なお、フィリピンの贈収賄規制では、民間企業の役職員に対する賄賂・リベート等は禁止の対象とはされておらず、私人に対する贈賄行為が他の刑法上の犯罪に該当することはない。そのため、改正刑法等の規制との関係で問題となる贈収賄行為は、もっぱら「公務員」との関係で行われるもののみとなる。

1.　構成要件

　以下、改正刑法、汚職防止法、公務員倫理規範および改正会社法に定める

贈収賄規制について順に検討する。これらのうち、改正刑法、汚職防止法および公務員倫理規範いずれの規制においても「公務員」および「賄賂」という用語の定義が問題となるが、このうち、「公務員」については図表9-1のとおり定義されている。

　他方、「賄賂」については明文上の明確な定義は定められておらず、基本的には、公務員による便宜の対価として供与された物であれば、有形・無形、金額の多寡を問わず広く「賄賂」に含まれると解されている。

（1）改正刑法

　改正刑法は、直接収賄、間接収賄および特別収賄という 3 つの類型の収賄について規定している。なお、いずれも公務員側の収賄行為について定めるものであるが、公務員に対して、直接収賄、間接収賄または特別収賄のいずれかに該当することとなる賄賂を供与し、その約束をし、または供与の申出を行った者は、何人であっても、「公務員の汚職」（Corruption of Public Of-ficials）罪として処罰され、収賄を受けた公務員と同じ刑罰（資格の剥奪・停止を除く）を科される（改正刑法212条）。

　まず、直接収賄の構成要件は、公務員が、その職務の執行に関連して、(i) 犯罪行為を行い、もしくはその約束をし、その対価として現に賄賂を収受し、もしくはその約束または申出を受けること、(ii)（犯罪には至らない）不正な行為を行い、もしくはその約束をし、その対価として賄賂を現に収受するこ

【図表 9-1　「公務員」の定義】

改正刑法	法律の規定、民選もしくは権限ある当局による任命により、フィリピン政府における公務の遂行に参加する者、または同政府もしくはその支部の職員、代理人もしくは下級職員として、階級を問わず公務を遂行する者
汚職防止法 公務員倫理規範	報酬の有無や職種の違い、選挙により選任されるか否かを問わず、永年雇用者および臨時雇用者のいずれも含み、政府により運営・所有される準政府機関に勤務する者

と、または㈽職務上の義務に反して公務を行わず、もしくはその約束をし、その対価として現に賄賂を収受し、もしくはその約束をすることをいう（改正刑法210条）。

これに対して、間接収賄の構成要件としては、公務員が、その地位に関連して、現に賄賂を収受することが必要とされる（改正刑法211条）。

直接収賄と間接収賄の違いは、㈠直接収賄は、公務員と贈賄者の間に、上記⒤〜㈽の一定の作為・不作為に関する合意を必要とし、賄賂と具体的な作為・不作為との間に対価関係があることを要するのに対し、間接収賄では、そのような合意が不要であること、㈡直接収賄は、上記㈼の場合を除き、現に賄賂を収受した場合に限らず、賄賂を収受する約束で足りるのに対して、間接収賄の場合には、現に賄賂を収受して初めて犯罪が成立する点にある。

このほか、逮捕権または訴追権限を有する公務員が、死刑または一定期間後仮釈放の可能性のある終身刑（ruclusion perpetua）によって罰せられるべき被疑者を逮捕または起訴せず、その対価として賄賂を収受し、またはその約束をした場合、特別収賄として処罰の対象となる（改正刑法211A条）。

（2）汚職防止法

改正刑法は、上記（1）のとおり、公務員の職務または地位に関連する一定の賄賂の収受を禁止する。これに対し、汚職防止法は、腐敗政治の削減と公務の公正を目的に制定されたものであり、改正刑法における贈収賄に該当する行為のみならず、一定の具体的な違法行為の類型を定め、当該行為を行った公務員と、その相手方となる者を処罰する。贈賄行為において汚職防止法による規制の適用を受けるのは、汚職防止法において禁止される違法行為を行った公務員の「相手方となる者」である。

汚職防止法においては、同法で禁止される多様な行為類型が定められているが、贈収賄規制という文脈で典型的に問題となるものは以下のとおりである。

- 公務員が、その職務上仲介する政府と第三者との契約または取引につき、自己または第三者のために、直接的または間接的に賄賂を要求し、または収受すること
- 公務員が、その方法や地位にかかわらず、政府からの許認可の取得につき便宜を図ったこと、または図ることへの対価として、自己または第三者のために賄賂を要求し、または収受すること
- 公務員またはその親族が、その在職中または離職後1年以内に、その職務に関係する私企業で雇用されること

　なお、ある行為が改正刑法における贈収賄と、汚職防止法違反の構成要件のいずれも充足する場合には、双方の違反が成立することとされている。

（3）公務員倫理規範

　公務員倫理規範は、公務員の信頼性を維持し、模範となるべき行為に対するインセンティブを付与すること、および禁止行為を具体的に定めること等を目的としたものである。公務員倫理規範においては、公務員が、自己が承認権限を有する取引について金銭的または重要な利害関係を持つことや、公務員の在職中またはその離職後1年以内に企業への雇用のあっせんを受けること等が禁じられている（同規範7条）。また私人であっても、これらの行為を公務員とともに行い、または幇助した場合、共同正犯または幇助犯として公務員と同等の刑が科せられる（同規範11条）。

　ただし、公務員倫理規範違反の行為が、改正刑法等、より重い刑を科す他の法律により罰せられる場合には、公務員倫理規範違反の刑罰は科されない（同規範11条）。

（4）改正会社法

　改正会社法は、汚職行為の仲介者としての行為（改正会社法166条）、汚職行為の仲介者の任命（同法167条）、汚職行為の容認（同法168条）を禁

止している。具体的には、以下の行為が禁じられる。

- 汚職を行ったり、隠したりするために会社を利用すること（同法166条）
- 会社の利益のために、汚職を行う仲介者を任命すること（同法167条）
- 会社の取締役、受託者、オフィサーまたは従業員による汚職行為を知りつつ、制裁、報告または適切な機関への申告を怠り、汚職行為を許容または容認すること（同法168条）

　改正会社法166条によれば、会社の取締役、オフィサー、従業員、代理人または代表者のいずれかが汚職行為に関与していると認定された場合、会社が透明性かつ適法性のあるサービスを提供するための保護措置または汚職に対する方針、倫理規定もしくは手続を導入していないことは、会社の責任を推定させる証拠となるとされている。

2.　適用範囲―人的適用範囲および場所的適用範囲について

　フィリピンの贈賄規制の適用範囲について、人的適用範囲（フィリピン国外で設立された外国法人やフィリピン国籍を有しない外国人による行為に適用があるか）および場所的適用範囲（フィリピン国外で行われた贈賄行為に適用があるか）を整理すると図表9-2のとおりである。

【図表9-2　贈賄規制の人的・場所的適用範囲】

人的適用範囲	贈賄行為がフィリピンの公務員に対して行われている限り、外国法人や外国人に対しても適用される可能性あり
場所的適用範囲	贈賄行為がフィリピンの公務員に対して行われている限り、その行為地がフィリピン国外であっても適用される可能性あり

3. ファシリテーション・ペイメント等の適用除外

　フィリピンにおいては、米国の海外腐敗行為防止法（Foreign Corrupt Practices Act）（「米国 FCPA」）における「ファシリテーション・ペイメント」のように、公務員の機械的業務に関する円滑化のための少額の支払について、公務員贈賄罪の適用を除外する旨の規定はない。したがって、機械的業務の円滑化のための少額の支払であっても、改正刑法等の関連規制に定める公務員贈賄罪の構成要件に該当する可能性がある。

　また、汚職防止法は、規制の対象となる「贈答品の収受」（receiving gift）を、「一定の者（当該公務員の直近の血縁関係の家族を除く）から、公務員やその家族または 4 親等内の親族（血族、姻族のいずれも含む）が、明らかに高額（manifestly excessive）な贈答品を直接的または間接的に収受すること」と定義し、家族の祝い事やクリスマス等の社会的儀礼の時期であっても当該行為は許されないとしている。他方で、汚職防止法では、自ら依頼していない少額の贈答品や、地域的慣習に基づき感謝の証の目的でのみ供与された少額の贈答品については、汚職防止法は適用されないと規定されている[4]。

　ただし、当該贈答品を収受した見返りに、公務員が、政府の許認可やライセンスを付与したような場合には、当該例外の適用は否定されるとした判例（Mendoza-Ong v. Sandiganbayan 事件）[5] がある。また、改正刑法や汚職防止法の潜脱行為に対処するために制定された大統領令 46 号においては、公務員が、公務員であることを理由に、直接的または間接的に、贈答品その他の価値のあるものを収受し、または私人が公務員にこれを供与し、またはその申出をした場合には、クリスマスを含むいかなる場合であっても、当該贈答品等の金額を問わず、また、当該贈答品等の供与が当該公務員による過去の

---

4)　なお、汚職防止法上、贈答品の金額について、「明らかに高額」や「少額」に該当するかどうかを判断するための基準は特に定められていない。

5)　G. R. No. 146368-69, October 23, 2003.

便宜のためまたは将来の便宜を期待してなされたかどうかを問わず、処罰対象になるとされており、公務員倫理規範でも同様である。

4. 罰則

上記 1. の構成要件に該当する違法行為があった場合、改正刑法等の関連規制に定める罰則が適用される。改正刑法、汚職防止法および公務員倫理規範はいずれも違反行為に関与した公務員に対する罰則として規定しているが、当該公務員に対して賄賂の申出・約束・供与を行った者には、収賄側の公務員と同じ刑罰が科される。なお、フィリピン法上、拘禁刑等の自由刑は自然人のみに科されるものであり、法人に科されることはないが、罰金刑については、法人にも科されうる。

(1) 改正刑法

直接収賄については、公務員側の賄賂収受の態様により罰則が異なり、その内容は図表 9-3 のとおりである（改正刑法 210 条）。

間接収賄については、2 年 4 か月 1 日以上 6 年以下の拘禁刑が科される

【図表 9-3　直接収賄の態様と罰則】

行為態様	罰則
職務の執行に関連して、犯罪行為を行い、またはその約束をし、その対価として現に賄賂を収受し、またはその約束をした場合	6 年 1 日以上 10 年以下の拘禁刑および賄賂の価値の 3 倍以上の罰金
犯罪には至らない不正な行為を行い、またはその約束をし、その対価として賄賂を現に収受した場合	2 年 4 か月 1 日以上 4 年 2 か月以下の拘禁刑および賄賂の価値の 2 倍以上の罰金
職務上の義務に反して公務を行わず、またはその約束をし、その対価として現に賄賂を収受し、もしくはその約束をした場合	4 年 2 か月 1 日以上 8 年以下の拘禁刑および賄賂の価値の 3 倍以上の罰金刑

とされている（改正刑法 211 条）。

　特別収賄が行われた場合には、収賄者である公務員に対し、逮捕または訴追を免れる対象とされた犯罪と同等の刑罰が科されるとされている。なお、公務員の側から賄賂を要求した場合、当該公務員には 20 年 1 日以上 40 年以下の拘禁刑が科されるとされている（改正刑法 211A 条）。

（2）汚職防止法

　汚職防止法 3 条に定める禁止行為を行った公務員には、1 年以上 10 年以下の拘禁刑が科されるとされている（同法 9 条）。

（3）公務員倫理規範

　公務員倫理規範に違反する行為をした公務員には、5 年以下の拘禁刑および 5,000 ペソ以下の罰金刑が科されるとされている（同法 11 条）。

　また、大統領令 46 号に違反して公務員が贈答品を受領した場合には、1 年以上 5 年以下の拘禁刑が科されるとされている。

　なお、政府調達改革法（Government Procurement Reform Act, Republic Act No. 9184）65 条によれば、上記の各法律のいずれかに違反した私人は、政府と取引を行う資格を永久に失うとされている。

（4）改正会社法

　汚職行為の仲介を行った法人には 10 万ペソ以上 500 万ペソ以下の罰金刑（改正会社法 166 条）、会社が汚職の仲介者を任命した場合には 10 万ペソ以上 100 万ペソ以下の罰金刑（同法 167 条）、および、これらの汚職行為を容認した取締役、受託者またはオフィサーには 50 万ペソ以上 100 万ペソ以下の罰金刑が科される（同法 168 条）。

　また、会社法 166 条または 167 条に定める違反行為を会社が行った場合、裁判所の裁量により、違反に責任があり、または違反の実行に不可欠であった取締役、受託者、株主、社員、オフィサー、または従業員に対しても刑が

科されうる（同法 171 条）。

　なお、改正会社法上、取締役が、故意もしくは重過失により会社の明白な違法行為を承認した場合には、会社および株主に生じた損害につき連帯責任を負うとされている（改正会社法 30 条）。刑罰ではないが、当該条項を根拠に、直接贈収賄規制に違反する行為を行っていない取締役であっても、会社や株主に対して民事上の責任を問われる可能性があることに留意が必要である。

5. 贈収賄規制の執行

（1）公務員贈賄罪の執行手続

　フィリピンでは、公務員贈賄罪は特殊警察官によって捜査され、嫌疑があると判断される場合には、特殊検察官が反汚職裁判所に訴追し、裁判所が判決を下すことにより執行される。訴追後に、特殊検察官と被告人との間で司法取引の合意を行うこともできる。海外に所在する個人による違反行為については、反汚職裁判所は、当該被疑者が逮捕されているか、フィリピン国内に所在している場合に限り、当該事案について管轄権を有するものとされる。それ以外の場合は、被疑者が自主的に出頭しない限り、反汚職裁判所は管轄権を有しない。

（2）公訴時効

　公務員贈賄罪の時効は、犯罪行為を行いまたは行うことを約束する直接収賄の場合は、捜査機関が違反行為を認知した日から 10 年間、その他の直接収賄および間接収賄の場合は 5 年間、特別収賄の場合は 15 年間、汚職防止法違反の場合は 20 年間、改正会社法違反の場合は 1 年間である。

(3) 司法取引・捜査協力による刑の減免

　大統領令749号（贈収賄その他公務員に対する汚職事件にかかる贈賄者および びその共犯者の起訴免除。Granting Immunity from Prosecution to Givers of Bribes and Other Gifts and to Their Accomplices in Bribery and Other Graft Cases Against Public Officers）は、改正刑法の違反行為（直接収賄、間接収賄および 特別収賄）その他公務員の収賄等を処罰する法律等についての違反行為につ いて情報を提供し、かつ、進んで公務員または当該公務員の共犯または幇助 犯である私人に対して不利な証言を行った者は、自己が贈賄者または共犯者 である当該犯罪につき起訴または処罰を免れることができると規定している。

　ただし、当該免除を受けるためには、(イ)当該情報および証言が被告人たる 公務員等の有罪判決のために必要であること、(ロ)捜査機関が当該情報および 証言の内容を当該情報提供および証言より以前に把握していないこと、(ハ)当 該情報および証言の重要な部分について裏付けが可能であること等の一定の 要件を満たすことが必要である。

6. 汚職防止に関するコンプライアンスプログラムについて

　フィリピンでは、上場会社については、2017年1月1日付で発効した上 場会社コーポレート・ガバナンス・コード（Code of Corporate Governance for Publicly-Listed Companies）が適用される。上場会社コーポレート・ガバナン ス・コードにおいては、「コンプライ・オア・エクスプレイン」アプローチ が採用されており、上場会社の取締役会は、行動規範として汚職防止方針お よび汚職防止にかかるコンプライアンスプログラムを採用し、また、研修等 を通じて従業員にこれらを周知するか、これらを遵守しない理由を説明しな ければならない。

　なお、証券取引委員会によれば、上場会社は、汚職防止方針およびコンプ ライアンスプログラムにより、贈収賄、詐欺、恐喝、談合、利益相反行為、

マネーロンダリング等の行為を減少させること、これらの行為に関する従業員の報告を推奨すること、これらの行為を防止する手続の概要を定めること等に向けて努力することが求められている。

　上場会社以外についても、2019年には、公開会社および登録発行体コーポレート・ガバナンス・コード（Code of Corporate Governance for Public Companies and Registered Issuers）が公表されており、「コンプライ・オア・エクスプレイン」アプローチのもと、汚職防止に関して上場会社コーポレート・ガバナンス・コードと同様の定めが設けられている。

Column　　**不正競争防止法と米国 FCPA、英国 UKBA**

　日本企業によるフィリピンでの事業活動に関する贈収賄規制としては、上記のフィリピン法だけではなく、日本の不正競争防止法、米国 FCPA、英国の贈収賄禁止法（Bribery Act）（「英国 UKBA」）にも十分に留意する必要がある。

　不正競争防止法 18 条は、外国公務員等に対する不正の利益の供与等に関する規定であり、同条 1 項は、国際的な商取引に関して営業上の不正の利益を得るために行う、外国公務員等の職務に関する作為、不作為等をなさしめることを目的とした、外国公務員等に対する金銭その他の利益の供与、その申込みまたはその約束を禁止している。日本企業のフィリピン子会社の副社長と従業員が、来日した国家捜査局（National Bureau of Investigation）の局長と他の幹部 1 名に対し、同局との契約を迅速に進めるため、日本円にして約 80 万円（約 31 万ペソ）相当の贈答品を提供した事案においては、副社長と従業員の 2 名が不正競争防止法違反として略式起訴され、処罰されている。

　米国 FCPA は、米国企業に限らず、大要、(i)米国証券取引所に上場している企業等、(ii)米国所在企業、(iii)米国内で行為の一部を行った場合、(iv)米国 FCPA の適用を受ける者と共謀等した場合に適用される。

　また、英国 UKBA も、英国企業に限らず、英国で事業の一部を行う企業

にも適用される。

I. 概要

　フィリピンの競争法は、20年以上の議論を経て、2015年6月にようやく制定された。2016年5月には競争法施行細則も制定され、フィリピンの競争委員会のもと、競争法が執行されている。

　競争法は、主として、(イ)禁止行為である反競争的合意（Anti Competitive Agreement）と支配的地位の濫用（Abuse of Dominant Position）、(ロ)競争委員会の権限、および(ハ)企業結合規制を定めている。

II. 反競争的合意

　競争法において、カルテル等の反競争的合意は禁止される。これに違反した場合には行政罰に加えて刑事罰の対象となる（競争法30条）。

　2024年5月までに反競争的合意について競争委員会による全面的な行政調査（Full Administrative Investigation、正式調査）が実施された件数は14件である。インターネットサービス・テレコミュニケーション、インフラ関連、農業、スポーツ等の産業において調査が実施されている。

　なお、反競争的合意について競争委員会の審判まで至ったケースは公表されていない。

1. 反競争的合意に該当する行為

　競争者間[1]における以下の合意は、合意それ自体が禁止される（競争法14条（a）、競争法施行細則3章1条（a））。

- 　価格またはその構成要素、あるいはその他の取引条件について競争を制

限する合意

- 入札等における価格の固定、偽装入札、入札制限、輪番制および市場分
  割等

　また、競争者間における以下の合意は、競争を実質的に妨げ、制限しまた
は減少させる目的または効果を有する場合に禁止される（競争法 14 条（b）、
競争法施行細則同条（b））。

- 生産、市場、技術開発または投資に関する設定、制限またはコントロー
  ルについて定める合意
- 販売量や購入量、地域、商品やサービスの種類、買い手や売り手、その
  他の手段による、市場の分割または共有に関する合意

　なお、上記以外の合意であっても、競争を実質的に妨げ、制限しまたは減
少させる目的または効果を有する合意は禁止される。ただし、商品およびサー
ビスの生産もしくは流通の改善、または技術的もしくは経済的進歩の促進
に寄与するものであって、その結果もたらされる利益を消費者が公正に享受
できるものは、許容される場合がある（競争法 14 条（c）、競争法施行細則同
条（c））。

2.　反競争的合意の該当性の判断

　反競争的合意が、競争を実質的に妨げ、制限しまたは減少させる目的また
は効果を有するかは、以下の観点から判断される（競争法施行細則 7 章 1 条）。

---

1)　なお、ある企業にとって、当該企業が支配する関係もしくは共通の支配下にある企
　業または共通の経済的利益を有する企業であり、当該ある企業から独立して決定を行う
　ことができない企業は、当該ある企業の競争者とはみなされない（競争法施行細則 3
　章 1 条（d））。

- 反競争的合意により影響を受ける関連市場
- 問題となる合意を原因とする関連市場における競争に対する悪影響の有無、および、当該影響が実質的であり、合意から生じる利益を上回るものであるか
- (イ)将来の市場の発展、(ロ)消費者に商品またはサービスを利用させる必要性、(ハ)インフラへの大規模投資の必要性、(ニ)法令の要件、(ホ)フィリピン経済が国際競争に対応する必要性、(ヘ)関係者の過去の行為や市場の実勢等を考慮した、将来に向けた視点
- 競争が妨げられたり、実質的に制限されたりしないようにする必要性と、不当な過度の介入によって、競争効率、生産性、技術革新、または国の一般的利益に資する優先分野や産業の発展が抑止されるリスクとのバランス
- 企業の行為が、製品の廃止や事業の閉鎖、競合企業の市場参入等に対する合理的な対応など、合理的な商業目的に基づいて行われたかどうかという点を含む、企業が反競争的な合意に関与した可能性に関する総合的な評価

　また、反競争的合意の該当性等の判断において問題となる「関連市場」の範囲の決定に際しては、当該市場を構成する商品またはサービス間の代替性に影響を与える以下の要素、および市場の境界を画定する地理的要素が考慮される（競争法施行細則5章1条）。

- 技術的可能性、消費者が代替品を利用できる程度および代替に要する時間の観点から、当該商品またはサービスと国内または外国産の他の商品またはサービスとの代替性
- 市場への供給に要する時間、運送費用、保険、関税等の費用その他の制限などの観点から、他の地域や海外からの商品またはサービス、原材料、補足品、代替品の流通コスト

- 消費者が他の市場を求める可能性とコスト
- 消費者による代替供給者へのアクセス、または供給者による代替消費者へのアクセスを制限する、国、地域、または国際的な制限

III.　支配的地位の濫用

　競争法において、支配的地位の濫用は禁止される。これに違反した場合には行政罰の対象となる（ただし、反競争的合意と異なり、支配的地位の濫用は刑事罰の対象とはならない。）。

　2024 年 5 月現在までに、支配的地位の濫用について競争委員会による全面的な行政調査（正式調査）が実施された件数は 11 件である。インターネット、農業・食料、スポーツ・健康、ファイナンス（リース・ローン等）等の産業において調査が実施されている。このうち、競争委員会の審判に至ったケースは 2 件存在する。その概要は、図表 10-1 のとおりである。

1.　支配的地位の濫用に該当する行為

　1 つまたは複数の事業体が、支配的地位を濫用し、競争を実質的に妨げ、制限しまたは減少させることは禁止される。以下の行為は支配的地位の濫用に該当する（競争法 15 条、競争法施行細則 3 章 2 条 (a)）。

(i)　関連市場から競争を排除する目的で、原価を下回る価格で商品またはサービスを販売すること。ただし、競争委員会は、当該企業が競争を排除する目的を有しているか、競合の製品またはサービスを販売する競合他社の低い価格に真摯に対抗するために設定されたものかを考慮する。

(ii)　反競争的な方法により、市場に参入障壁を設けたり、市場内での競合

【図表 10-1　支配的地位の濫用に関する審判のケース】

決定番号および当事者	概要
Commission Decision No. 01-E-001/2019 CEO v. UDH Manila Condominium Corporation and 8990 Holdings, Inc	不動産開発の会社である 8990 Holdings, Inc. と、その開発プロジェクトに関するコンドミニアムコーポレーションである UDH Manila Condominium Corporation が、当該コンドミニアムの居住者が特定の業者からのみインターネット・サービスが提供されるように行為したケース。違反行為者は違反を認め、違反行為を停止すること、罰金（27,113,392 ペソ）を支払うこと等を内容とする和解を競争委員会との間で締結。
Commission Decision No. 03-E-003/2022 CEO v. Greenfield Development Corporation and Leopard Connectivity Business Solutions, Inc.	不動産会社である Greenfield Development Corporation は、自らが開発した地区において、光ファイバー・ネットワークの設置、管理および利用を行っており、また、Leopard Connectivity Business Solutions, Inc. は、Greenfield が開発した地区においてインターネット・サービスを提供する会社であり、Greenfield の子会社である。Greenfield が、Globe によるインターネット・サービス提供の提案を、すでに Leopard がサービスを提供していることを理由として拒否したことが、競合他社の参入を阻んだ違反行為であるとして問題となったが、審判においては、違反行為を立証する証拠はないと判断された。

　　他社の成長を妨げたりする行為を行うこと。ただし、優れた製品やプロセス、ビジネス判断、または法的権利や法律の結果として参入障壁が発生する場合を除く。

(ⅲ)　性質上または商慣習上、対象となる取引とは関係のない義務を相手方が受諾することを取引の条件とすること

(ⅳ)　同一の商品またはサービスの顧客または販売者の間で不合理に差別的な価格またはその他の条件を設定し、実質的に競争を減少させること。ただし、以下の場合は許容される。

- 経済的に弱い産業のための価格

- 製造、販売または流通コストの違いを合理的に反映させた価格
- 競合他社の競争力のある価格等に対抗するための価格や条件
- 市場環境等の変化に対応するための価格変更

(v) 商品またはサービスを販売または取引する場所、相手、または形態に関して、商品またはサービスのリース、販売または取引に制限を課すこと（例えば、価格の固定、優遇価格またはリベート、競合他社との取引禁止を含む。）。ただし、競争を実質的に妨げ、制限しまたは減少させる目的または効果を有するものであることを要する[2]。

(vi) 特定の商品またはサービスの供給について、主要な商品またはサービスとは直接関係のない供給者からの商品またはサービスの購入に依存させること

(vii) 社会から隔絶された農業生産者、漁民、零細・中小企業、その他のサービス提供者や生産者の商品やサービスに対して、直接的または間接的に不当に低い購入価格を課すこと

(viii) 競合他社、顧客、サプライヤー、または消費者に対し、直接的または間接的に、不公平な購入価格または販売価格を課すこと。ただし、優れた製品やプロセス、ビジネス判断、または法的権利や法律の結果として発生するものを除く。

(ix) 消費者を害する生産、市場、または技術開発の制限。ただし、優れた製品やプロセス、ビジネス判断、または法的権利や法律の結果として発生するものを除く。

---

2) ただし、各当事者による中途解約が可能である等、許容されるフランチャイズ、ライセンス、独占販売契約または独占代理店契約（ただし、競争委員会が実質的に反競争的な効果を有すると判断するときを除く。）や知的財産権、秘密情報または取引上の秘密を保護するための契約を禁止するものではないとされる（競争法 15 条（e）、競争法施行細則 3 章 2 条（a）（5））。

2. 支配的地位

　ある企業が支配的地位を有するかは、以下の要素により判断される（競争法施行細則 8 章 2 条）。なお、ある企業の関連市場における市場シェアが少なくとも 50% である場合、支配的地位を有することが推定される[3]。

- 関連市場における自社のシェア、一方的に価格を固定する能力、または関連市場における供給を制限する能力
- 関連市場における他の市場参加者のシェア
- 参入障壁の存在、および、当該障壁と競合他社からの供給を変更させる要素
- 競合他社のプレゼンス
- 競合他社による事業拡大や参入に対する脅威
- 競合他社の市場からの撤退
- 顧客の交渉力・顧客が他の商品やサービスに切り替える圧力
- 競合他社等による原料等へのアクセス可能性
- 行為者に関する事項（過去の行動、模倣が困難なインフラの支配、技術的優位性、金融市場等へのアクセスの容易性、事業規模等）
- 高度に発達した流通・販売網の存在

---

3)　競争委員会は、随時、支配的地位の閾値または支配的地位の推定を生じさせる関連市場におけるシェアの最低水準を、関連市場の構造、統合の程度、エンドユーザーへのアクセス、技術、資金力、その他の要因を考慮して決定し、公表することとしているが、2024 年 5 月時点では未公表である。

IV.　競争委員会

1.　競争委員会の構成と権限

　競争委員会は、委員長 1 名と委員 4 名で構成される（競争法 6 条）。委員長および委員の任期は 7 年（再任不可）である（競争法 7 条）。競争委員会の主な権限は以下のとおりである（競争法 12 条）。

- 競争法違反に関する事案について、調査、審理および決定を行い、民事手続または刑事手続を開始すること（競争法 12 条 a 号）
- 企業結合を審査し、関連市場における競争を実質的に妨げ、制限し、または減少させるような企業結合を禁止すること、および、企業結合の届出の閾値、要件および手続を定めること（競争法 12 条 b 号）
- 反競争的合意の締結や支配的地位の濫用を行った企業に対し、差止命令、事業処分の要求、利益の没収などの処分を行うこと。競争法に違反した企業に対して制裁金等を課すこと（競争法 12 条 d 号、e 号）
- 競争法に関するガイドライン等を定めること。年次報告書等を議会に提出すること（競争法 12 条 k 号）

2.　競争法違反に対する調査

　競争委員会による競争法違反行為に対する調査は、以下の手続で行われる。

（1）予備調査

　予備調査（Preliminary Inquiry）は、正式調査の前に、競争法違反に対する正式調査を実施すべき合理的な理由があるかを確認する目的で実施される調査である（PCC 手続規則 2.1 条）。予備調査は、競争委員会執行局（Enforcement Office）が苦情や他の行政当局からの連絡に基づいて実施する。予備調査は、苦情等の受領から原則として 10 日以内に開始され、調査開始から 90 日以内に調査を完了する（PCC 手続規則 2.2 条、2.3 条、2.5 条）。

　予備調査の結果、正式調査を開始すべき合理的な理由がある場合、競争委員会執行局は正式調査を開始する決定を行う。

（2）正式調査

　競争委員会執行局が正式調査を開始する場合、対象となる事業者に対する調査開始の通知が行われる（PCC 手続規則 2.9 条）。

　正式調査の結果、競争法違反について合理的な疑いがある場合、競争委員会執行局は、異議の申立て（Statement of Objections）を競争委員会に提出する。異議の申立ては、被申立人、違反内容、責任に関する事実および要因の概要が記載される（なお、制裁金の額や処分内容等に関する勧告が含まれる場合もある。）。異議の申立てには証拠が添付される。競争委員会は、事案の性質に鑑みて刑事告発を行うこともできる（PCC 手続規則 2.12 条、18 条）。

　なお、調査の対象となっている者は、予備調査の開始から正式調査が終了するまでの間、いつでも、競争委員会執行局に和解案を提出することができ、競争委員会は、競争委員会執行局の意見に基づき、和解案を承認することができる（PCC 手続規則 2.17 条）。

（3）審判

　競争委員会執行局が競争委員会に対して異議の申立てを提出した場合、審判（Adjudication）が開始される（PCC 手続規則 4.14 条）。審判においては、事業者の召喚、競争委員会執行局と事業者による主張立証等が行われた後、競争委員会は、違反事実、法的根拠、違反者に対する制裁等を記載した決定を行う。当該決定については、高等裁判所に上訴することができる。

　なお、審判の手続においては、競争委員会の承認を得て和解を行うことも可能である。

（4）その他の解決手段

　競争法違反の調査等については、図表 10-2 に記載の非対立的な手段による解決も存在する（競争法 37 条）。

【図表 10-2　非対立的な解決手段】

Binding Ruling:	Binding Ruling は、事業者が、特定の行為、合意等について競争法関係法令の遵守、免除または違反に関する判断を競争委員会に求めることができる制度である。ただし、この制度は、対象となる行為、合意等が実行されていないこと、監督機関からの苦情等が提出されていないこと、調査が開始されていないこと等が条件となる（PCC 手続規則 3.1 条）。 なお、競争委員会に対する Binding Ruling の申立ては、事業者の資産の 1％～3％ または年間売上の 1％～3％ のいずれか高い額の手数料を支払わなければならない（PCC 手続規則 3.4 条）。
Show Cause order:	Show Cause Order は、予備調査の後、競争委員会執行局が、事業者に対し、反競争的行為等について説明を求める制度である（PCC 手続規則 3.10 条、3.11 条）。Show Cause Order を受けた事業者は、Show Cause Order に記載された反競争的行為等に対して異議を唱えるか、または、当該反競争的行為等を認めて対応策を提出するか、いずれかの説明を行うことになる（PCC 手続規則 3.12 条）。 　事業者が十分な説明を行わない場合、競争委員会執行局は調査を継続するか、または、競争委員会に対して異議の申立てを提出する。一方、事業者が十分な説明を提出した場合、競争委員会執行局は調査を終了する（PCC 手続規則 3.14 条）。
Consent Order:	事業者が、競争法関係法令の違反を認めることなく、調査の対象となっている行為等の中止、一定の金額の支払等を約束することで、調査の終了を求める制度である（PCC 手続規則 3.17 条）。 　Consent Order を求める事業者は、調査の対象となる行為または合意について、一度だけ Consent Order の申請を行うことができ、競争委員会は、当該申請を許可することにより、調査の全部または一部を終了する（Revised Rules on Consent Order of the Philippine Competition Commission 3.17. 条）。 　Consent Order の申請においては、調査の対象となる行為または合意の説明、当該行為または合意の防止または中止を確実にするために事業者が実施する措置、当該措置による競争上の懸念の解決に関する説明、事業者が支払う金額、遵守状況に関する定期的な報告、事業者の行為により損害を被った者と当該者に対する損害賠償等を記載しなければならない（Revised Rules on Consent Order of the Philippine Competition Commission 3.19. 条）Consent Order の申請にかかる手数料は、事業者の資産の 0.01％ または年間売上額の 0.01％ のいずれか高い額（ただし、250,000 ペソ以上 5,000,000 ペソ以下）である。

【図表 10-3　行政制裁金の金額】

初回の違反：	1 億ペソ以下
2 回目の違反：	1 億ペソ以上 2 億 5,000 万ペソ以下
3 回目以後の違反：	1 億 5,000 万ペソ以上 2 億 5,000 万ペソ以下

（5）行政制裁金等

　競争委員会は、反競争的合意または支配的地位の濫用に違反した企業に対し、行政制裁金を課すことができる。行政制裁金は、原則として、事業者の関連売上高[4]の 30% に違反期間を乗じた金額（ただし、図表 10-3 の金額の範囲内とする。）である（PCC 手続規則 6.1 条、6.3 条）。

　また、競争委員会は、反競争的行為または合意その他の競争上の懸念を是正するために、行政制裁金に加えて、事業者に対して図表 10-4 に記載の処分を行うことができる（PCC 手続規則 6.22 条）。

（6）刑事制裁

　競争者間における反競争的合意のうち、合意自体が禁止される合意（競争法 14 条（a））または、競争を実質的に制限する合意（競争法 14 条（b））を締結した事業体は、2 年以上 7 年以下の拘禁刑[5]および 5,000 万ペソ以上 2 億 5,000 万ペソ以下の罰金が科される（競争法 30 条）。

（7）リニエンシー

　競争者間における反競争的合意のうち、合意自体が禁止される合意（競争

---

4)　関連売上高は、違反が行われた会計年度のうち売上高が最も高かった会計年度におけるフィリピンの関連市場における被申立人の売上高から、付加価値税等を控除したものとされる。

5)　拘禁刑は、法人の取締役、オフィサーまたは管理職の地位にある従業員で、違反行為について故意を有する者に対して科される。

【図表 10-4　競争委員会が命じる措置等】

行動的措置：	事業者に対して特定の行動をとること、または特定の行為を中止もしくは控えることを義務付ける措置（PCC 手続規則 6.23 条）。事業者は、競争委員会が適切と判断した場合、事業者が一定の措置（例えば、計画の変更、契約の締結、解消等）を取ることを競争委員会に対して誓約する。
構造的措置：	市場の競争環境を維持、強化、回復するために、市場の構造を変更させる措置（PCC 手続規則 6.24 条）
差止命令：	事業者に対して、競争委員会が、(a) 特定の行為を実行すること、または (b) 行為の実行または行為の継続を停止または控えることを命令する措置（PCC 手続規則 6.25 条）
不当な利益の没収：	事業者に対し、(a) 超過利益、または (b) その他競争法関係法令の違反に合理的に関連する利益を没収する措置（PCC 手続規則 6.26 条）
事業売却：	事業、株式、事業部門、または有形・無形の資産を売却、交換、またはその他の手段によって部分的または全面的に処分し、事業の構造を変更することを要求する措置（PCC 手続規則 6.27 条）

法 14 条 (a)）または、競争を実質的に制限する合意（競争法 14 条 (b)）については、リニエンシー制度が存在し、事業者は、リニエンシー制度の利用により訴訟手続からの解放、制裁金の免除等を得ることができる（競争法 35 条）。

　リニエンシー制度を利用するためには、一定の要件（リニエンシーの申告時点で競争委員会が違反行為に関する情報を有していないこと[6]、申告者が迅速に違法行為への参加を中止していること、申告者が競争委員会の調査に協力

6）　ただし、リニエンシーの申告時点で競争委員会が違法行為に関する情報を有していた場合であっても、当該申告を行った事業者が、最初にリニエンシーの申告を行った者であり、競争委員会が有罪について十分な証拠を有しておらず、当該事業者にリニエンシーの利用を認めることが不公平ではない場合には、当該事業者に対してリニエンシーの利用が認められる。

すること、申告者が違法行為の主導者等ではないこと等）を満たす必要がある。

なお、2024 年 6 月までにリニエンシー・プログラムの利用が公表された事例は存在しない。

V. 企業結合規制

---

1. 概要

競争法は、競争を制限する企業結合に関する事前審査制度を定めており、一定の規模を超える合併や会社の買収等を行う場合には、最終合意の締結から 30 日以内に競争委員会に届け出る必要がある。届出を怠った取引は無効とされ、また、取引の当事者およびその最終親会社（Ultimate Parent Entity）[7] は、取引額の 1%〜5% の行政罰の対象となる（競争法 17 条）。

2015 年 8 月に競争法が施行されて以後、多くの取引が企業結合審査の対象となっている。競争委員会が公表した 2022 年のアニュアルレポートによれば、2022 年は 7 件の届出があり、そのうち 3 件が承認されている。

2. 届出が必要となる取引

企業結合の届出の要否は、図表 10-5 の当事者規模テストと取引規模テストによって判断され、両方の要件を満たす企業結合について届出が必要となる（競争法施行細則 4 章 3 条）。

なお、同一当事者間または共通の支配下にある企業との間で 1 年以内に

---

7)　最終親会社とは、企業結合規制の対象となる取引の当事者を直接的または間接的に支配しており、かつ、他のいかなる事業体にも支配されていない法人をいう。

【図表 10-5　企業結合届出基準】

・当事者規模テスト：	企業結合の当事者企業のうち、少なくとも 1 社の最終親会社および最終親会社が直接または間接的に支配する企業のフィリピンに関する年間総売上高 (注) またはフィリピンにおける資産の価値のいずれかが 78 億ペソを超えるか否か
・取引規模テスト：	企業結合の取引額が 32 億ペソを超えるか否か

(注)　フィリピンに関する年間総売上高は、フィリピンにおける売上またはフィリピンとの輸入もしくは輸出による売上高をいう。

連続した取引を行った場合、これらの取引は、あわせて 1 つの取引として届出の要否が判断される（競争法施行細則 4 章 3 条 (e)）。

　なお、取引規模テストにおける取引形態ごとの基準は図表 10-6 のとおりである（Guidelines on the Computation of Merger Notification Thresholds）。

3.　届出手続

（1）概要

　企業結合の届出の概要は、図表 10-7 のとおりである。

　上記 2. の届出基準を満たす取引の当事者は、最終合意の締結から 30 日以内に競争委員会に届け出る必要がある。なお、正式な届出を行う前に、競争委員会に事前相談を行うことも可能である（競争法施行細則 4 章 4 条）。

（2）審査プロセス

　企業結合の届出の審査は、(イ)届出書類の十分性の審査、(ロ) 1 次審査、(ハ) 2 次審査の 3 段階で進行する。多くの取引は 1 次審査で終了しており、競争法が施行された 2015 年 8 月から 2024 年 5 月までの間、2 次審査の対象となった取引は 20 件未満である[8]。

【図表 10-6　取引形態ごとの取引規模テスト】

・資産の取得または合併：	（フィリピンにおける資産の取得または合併の場合） 取得または合併の対象となる資産の価値、または、当該資産によりフィリピンで生み出される年間総売上高のいずれかが 32 億ペソを超えること （フィリピン国外における資産の取得または合併の場合） 取得する会社がフィリピンにおいて有する資産の価値、および、取得または合併の対象となるフィリピン国外の資産によりフィリピンで生み出される年間総売上高の両方が 32 億ペソを超えること （フィリピン国内および国外における資産の取得または合併の場合） 取得する会社がフィリピンにおいて有する資産の価値、および、取得または合併の対象となるフィリピン国内の資産によりフィリピンで生み出される年間総売上高の両方が 32 億ペソを超えること
・議決権株式または持分の取得：	①取得の対象となる会社（当該会社が支配する会社を含む。）のフィリピンにおける資産の価値またはフィリピンに関する年間総売上高のいずれかが 32 億ペソを超えること、かつ ②取得する会社において、当該取得後における会社の議決権または持分比率が 35%（ただし、取得前に 35% 超を保有している場合には 50%）を超えること
・合弁事業：	合弁事業に出資等される資産の価値または当該資産によるフィリピンにおける年間総売上高が 32 億ペソを超えること

【図表 10-7　企業結合の届出の流れ】

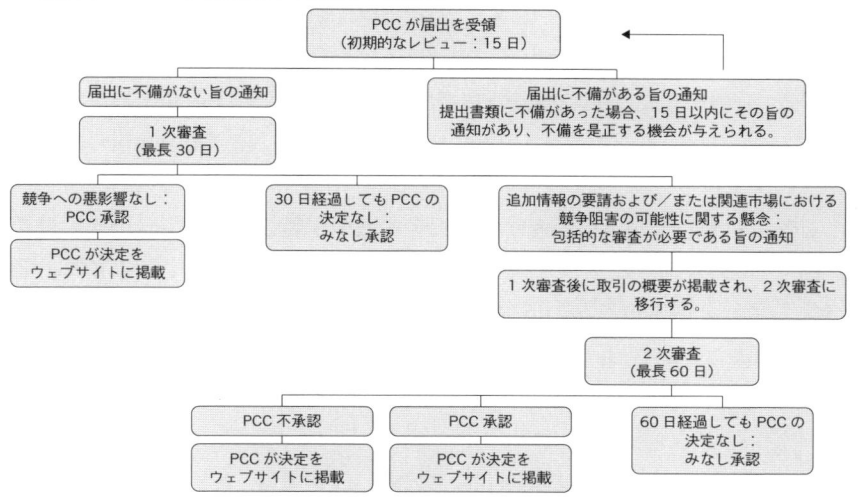

出所：Philippine Competition Commission のウェブサイト

①　届出書類の十分性の審査

　企業結合の届出が提出されると、競争委員会は最長 15 日間、届出書類に不備がないかを審査する（競争法施行細則 4 章 5 条（f）、企業結合届出規則 2.6 条）。競争委員会は、当事者に対して追加情報の提出を要請することがあり、その場合、当事者は 15 日以内に追加情報を提供しなければならない（届出に不備がある場合の通知、競争法施行細則 4 章 5 条（i）、企業結合届出規則 5.17 条）。当事者が、これらの期間内に追加情報の提出を行わない場合には、届出は不受理となる。

　競争委員会は、1 次審査を開始するに足る情報が提供されていると判断した場合、その旨を当事者に通知し、1 次審査に移行する（届出に不備がない旨の通知、競争法施行細則 4 章 5 条（f））。

②　1 次審査

　1 次審査の期間は最長 30 日間である（競争法 17 条、競争法施行細則 4 章 5 条（h））。1 次審査においては、対象となる取引が詳細な審査を必要とするような競争上の懸念を生じさせるものであるかが判断される。このような懸念がなければ、競争委員会は対象となる取引を承認し、企業結合の審査は終了する（企業結合届出規則 6.13 条）。1 次審査において取引を承認する決定がなされた場合、競争委員会ウェブサイトにおいて公表される（企業結合届出規則 6.16 条）。また、1 次審査の審査期間が経過しても決定が出されない場合も対象となる取引が承認されたものとみなされる（企業結合届出規則 2.12 条、11.7 条）。

　これに対し、競争上の懸念がある場合や取引が競争に対して及ぼす影響を判断するための情報が不十分である場合には、競争委員会は、2 次審査の必要性および 2 次審査において提出すべき情報を当事者に通知する（包括的な審査が必要である旨の通知、競争法施行細則 4 章 5 条（h））。

　なお、競争に対する影響が小さい一定の取引[9] については、当事者の申

---

8)　ただし、通知は当事者にのみ発行されるため、正確な数は公表されていない。

立てにより、1次審査の期間を 15 日間に短縮することができる（Commission Resolution No.008-2019 1.5 条）。

③　2次審査

2次審査の期間は最長 60 日である（競争法 17 条）。当事者は、追加情報の要請を受領してから 15 日以内に追加情報を提出する必要がある。ただし、当事者は提出期間の延長を要求することができる。

競争委員会企業結合局（Mergers and Acquisitions Office）が、審査の対象となる取引が関連市場や商品・サービス市場における競争を実質的に防止、制限、緩和させる可能性が高いという結論に至った場合、懸念事項説明書（Statement of Concerns）を、2次審査期間の 45 日目までに競争委員会に提出し、また、そのような結論に至った事実と理由を記載した写しを当事者に送付する。当事者は、懸念事項説明書を受領してから 10 日以内に、指摘された懸念事項に対する意見書を提出することができる（企業結合届出規則 8.4 条）。

④　審査の終了

上記の1次審査または2次審査が終了した時点で、競争委員会は、取引の承認、取引の禁止、または、競争に対する影響を排除する等の条件を付けた取引の承認を決定する（企業結合届出規則 2.12 条）。2次審査の決定は、競争委員会ウェブサイトにおいて公表される。

なお、2次審査の審査期間が経過しても決定が出されない場合、対象となる取引が承認されたものとみなされる（企業結合届出規則 2.12 条、11.7 条）。

---

9)　この取引は、①取引の当事者が水平的または垂直的な関係を有していない場合、②取引の当事者が外国の会社であり、フィリピンの子会社が組立業者または輸出製造業者としての機能のみを有し、かつ、生産量の 95％ をフィリピン国外に輸出している場合、③グローバルな取引であり、当事者のフィリピンにおけるプレゼンスが限定的である場合、④不動産開発を目的とした合弁事業の場合が対象となる（Commission Resolution NO.008-2019 1.5 条）。

第 11 章
個人情報保護法制

I. 概要

　フィリピンにおける個人情報保護に関する基本的な法令は、データプライバシー法およびその施行細則であるデータプライバシー法施行細則である。

　所轄官庁は国家プライバシー委員会であり、国家プライバシー委員会は、NPC Advisory や NPC Circular という名称でデータプライバシー法に関するさまざまなガイドラインを定めている。

　2022 年度の国家プライバシー委員会の年度報告によれば、国家プライバシー委員会は、2022 年にはデータ主体から 279 件の苦情を受け付けており[1]、そのうち 17 件について職権による調査を開始している。また、国家プライバシー委員会はこれまでに 5 件の禁止命令（Cease and Desist Order）と 12 件の刑事告発を行っている。国家プライバシー委員会の執行は活発に行われている状況である。

II. データプライバシー法の適用範囲

　まず、データプライバシー法が適用されるケースおよび適用が除外される情報は、図表 11-1 の行為等である。（データプライバシー法 4 条、データプライバシー法施行細則 4 条および 5 条）。なお、データプライバシー法は、フィリピンの国内における行為だけではなく、フィリピン国外における行為についても適用される。

　次に、データプライバシー法が主に規制する主体は、個人情報管理者（Personal Information Controller）と個人情報処理者（Personal Information

---

1)　なお、279 件の苦情のうち、約 41% に相当する 114 件はオンライン融資アプリケーションに関する苦情である。

【図表 11-1　データプライバシー法の適用の有無】

[データプライバシー法が適用されるケース]
● 個人情報の処理に関与する者がフィリピンで設立されている場合 ● フィリピン人またはフィリピン居住者の個人情報に関する行為 ● 個人情報の処理がフィリピン国内で行われる場合 ● フィリピンと一定の関係を有する団体^(注) が、個人情報の処理等を行う場合
[データプライバシー法が適用されない情報]
● 政府機関の役職員の地位や権限に関する情報 ● 政府機関に対して契約に基づいてサービスを提供している者および当該契約の条件に関する情報 ● 政府機関から個人に対するライセンスの付与等の金銭的な利益に関する情報 ● 報道、美術品、文学作品または調査の目的で処理される情報 ● 公的機関の業務遂行のために必要な情報 ● 中央銀行の管轄に属する銀行その他金融機関が反マネーロンダリング法その他の法令を遵守するために必要な情報 ● 外国の法令に従って、外国に居住する者から取得した情報

(注)　例えば、①個人情報を処理するために、フィリピンにある設備を使用するか、フィリピンに事務所、支店またはエージェントを置いている場合、②フィリピンで契約を締結した場合、③フィリピン国外で設立された法人がフィリピンで主たる管理等を行っている場合、④フィリピンに支店、エージェント、事務所または子会社を有しており、その親会社その他の関係会社が個人情報にアクセスできる場合、⑤フィリピンで事業を行っている場合、⑥フィリピンで個人情報を収集または保持している場合をいう（データプライバシー法施行細則 4 条 d)。

Processor) である。その定義は図表 11-2 のとおりである。

III.　個人情報の定義

　データプライバシー法において、その取扱いが規制の対象となる個人情報およびセンシティブ個人情報の定義は図表 11-3 のとおりである。なお、下記Ⅳに記載のとおり、センシティブ個人情報は、通常の個人情報より厳格な取り扱いが必要となる。

【図表 11-2　個人情報管理者・個人情報処理者の定義】

［個人情報管理者（Personal Information Controller）］（データプライバシー法 3 条 (h)、データプライバシー法施行細則 3 条 m）： 個人情報の収集、保有、処理または使用を管理する個人または団体（他者に対し、個人情報管理者のための収集、保有、処理、使用、移転または開示を指示する者を含む。）。ただし、(i)他者からの指示によりこれらを行う者、(ii)自らまたはその家族に関連する事項について収集、保有、処理または使用を行う者を除く
［個人情報処理者（Personal Information Processor）］（データプライバシー法 3 条 (i)、データプライバシー法施行細則 3 条 n）： データプライバシー法に基づいて、個人情報管理者から個人情報の処理を外部委託された個人または団体

【図表 11-3　個人情報・センシティブ個人情報の定義】

［個人情報（Personal Information）］ 物理的に記録されるかを問わず、当該情報を保有する者にとって個人が明らかであるか、または合理的かつ直接的に個人が特定されうるか、他の情報と組み合わせることにより、直接かつ確実に個人が識別されうる情報[注]（データプライバシー法 3 条 (g)、データプライバシー法施行細則 3 条 1 項 l）
［センシティブ個人情報（Sensitive Personal Information）］ (イ)人種、民族的出身、結婚歴、年齢、肌の色、宗教的、哲学的または政治的所属、(ロ)健康、教育、遺伝、性的生活または犯罪に関する手続、処分もしくは判決、(ハ)政府機関から個人に対して発行されたもの（例えば、ソーシャルセキュリティーナンバー、健康の記録、ライセンスもしくはその拒否、停止、取消し等、または税務申告）、(ニ)その他行政命令または国会によって指定されるもの（データプライバシー法 3 条 (l)、データプライバシー法施行細則 3 条 t）

（注）　なお、インターネット閲覧により生成される記録である Cookie については、法律上明確な規定はないものの、Cookie 自体で、または他の情報と組み合わせることにより、個人を特定し、または合理的に特定できる可能性がある場合には、Cookie も個人情報に含まれる可能性がある。ただし、Cookie はセンシティブ個人情報には該当しない（NPC Advisory Opinion 2017-63）。

IV.　個人情報の処理

　データプライバシー法において、個人情報の「処理」とは、データ[2]の収集、記録、整理、保存、更新、変更、検索、参照、使用、統合、ブロック、消去または破壊を含む個人情報に対して実行される一連の操作をいう（データプライバシー法3条（J））。

1.　個人情報の処理が認められる場合

　個人情報を処理するためには、図表11-4の正当化事由が必要となる（データプライバシー法12条）。

　これに対し、センシティブ個人情報および特権的情報（Privileged Information）[3]については、図表11-5の場合に限り、処理が認められる（データプライバシー法13条、データプライバシー法施行細則22条）。

2.　データ主体への通知

　個人情報は特定された合理的な目的のために必要な範囲で収集する必要があり、個人情報収集の際、データ主体に対し、プロファイリング[4]のための個人情報の自動処理、ダイレクト・マーケティングのための処理、データ

---

2)　なお、本章においてデータとは、個人情報およびセンシティブ個人情報の総称をいう。

3)　特権的情報とは、弁護士と依頼者間の情報その他法令が指定する情報をいう（データプライバシー法3条（k）、データプライバシー法施行細則3条q）。

4)　プロファイリングとは、個人について一定の評価を行うための個人情報の自動処理であり、特に個人の業務、経済状況、健康、嗜好、関心、信頼性、行動、場所または移動に関して分析、予測等を行うものをいう。

【図表 11-4　個人情報処理の正当化事由】

- データ主体 [注1] が同意した場合 [注2]
- データ主体との契約の履行やデータ主体の要請に応じて契約締結前の手続を行うために必要である場合
- 個人情報管理者が法的な義務を遵守するために必要な場合
- データ主体の生命や健康等、重要な利益を保護するために必要な場合
- 国家緊急事態への対応、公共の秩序や健康、公的機関の役割を果たすために必要な場合
- 個人情報を開示された個人情報管理者その他の者の正当な利益 [注3] のために必要である場合（ただし、憲法で認められたデータ主体の基本的な権利や自由が害される場合を除く。）

（注1）　データ主体とは、自らの個人情報、センシティブ個人情報または特権的情報が処理等の対象となる者をいう。

（注2）　なお、原則として黙示の同意は、個人情報処理の正当化事由としての同意として認められない。ただし、データ主体が個人情報処理に関する情報の提供を受けており、正当化事由としての同意と認められるために必要な要素を充足している場合には、データ主体によるサービスの継続的な使用をもって、正当化事由としての同意があったものとして認められる（NPC Circular No. 2023-04「GUIDELINES ON CONSENT」Section10）。

（注3）　「正当な利益」とは、個人情報の処理により得られる実際上の利益をいい、ビジネス上の利益も含まれる。個人情報管理者は、正当な利益について検証してその結果を書類化する必要があり、当局の調査の際、当該検証結果を報告する必要がある（NPC Circular No. 2023-07「GUIDELINES ON LEGITIMATE INTEREST」）。

共有等の有無・内容を含む、処理の目的および範囲に関する具体的な情報を提供する必要がある（データプライバシー法施行細則 19 条（a））。また、個人情報収集の際には、データ主体に対して個人情報処理の正当化事由（データ主体の同意、個人情報処理の正当な利益等）も通知する必要がある（データプライバシー法 16 条、データプライバシー法施行細則 34 条 a. 2.（c））。

　データ主体の個人情報が個人情報管理者の処理システムに入力される場合、入力の前、または次の実際的な機会に、データ主体に対して図表 11-6 の情

【図表 11-5　センシティブ個人情報および特権的情報の処理が認められる場合】

- データ主体が、正当な目的のための処理に関し、当該処理に先立って同意を与えた場合。ただし、特権的情報の場合には、当該情報を交換する全当事者が処理に先立ち同意を与えている必要がある
- 既存の法律および規制によって処理することが規定されている場合。ただし、このような法律または規則がデータ主体の同意を要求しておらず、かつ、個人情報の保護を保障する場合に限られる
- データ主体または他の人の生命と健康を守るために必要な処理であり、データ主体が処理の前に法的または物理的に同意をすることができない場合
- 公的機関およびその団体の合法的かつ非商業的な目的を達成するために必要な処理である場合（ただし、①その処理が、これらの公的機関またはその団体の真正な会員に限定され、かつ、関連するものであり、②センシティブ個人情報は第三者に譲渡されず、③処理に先立ち、データ主体の同意が得られている必要がある。）
- 処理が医療目的のために必要であり、医師または医療機関によって実施され、かつ、個人情報の十分な保護が確保されている場合
- 裁判手続、法的請求の確立、行使または防御において、自然人または法人の合法的な権利と利益を保護するために必要であり、または政府または公的機関に提供する場合に必要な個人情報にかかわる処理

【図表 11-6　処理システム入力の際に提供する情報】

- 入力する個人情報の内容
- 処理の目的（ダイレクトマーケティング、プロファイリング、歴史的、統計的または科学的な目的を含む）
- データ主体の同意に基づかない処理の場合には処理の根拠
- 個人情報の処理の範囲と方法
- 個人情報の開示先、または開示される可能性のある者または、これらの者の分類
- データ主体が自動アクセスを許可している場合には自動アクセスに使用される方法、当該アクセスが許可されている範囲、および、データ主体にとっての当該処理の重要性と想定される結果
- 個人情報管理者またはその代理人の身元および連絡先
- 情報が保存される期間
- データ主体の権利（情報へのアクセス、訂正または処理に対する異議申し立ての権利、および国家プライバシー委員会に苦情を申し立てる権利等）

報を提供しなければならない（データプライバシー法 16 条（b）、データプライバシー法施行細則 34 条）。

なお、取得した個人情報は、必要な期間を超えて保管してはならず、各企業は、個人情報を含む記録の保存期間と廃棄手順を定めた独自の記録管理方針を策定し、維持することが推奨される（データプライバシー法 11 条（e）、データプライバシー法施行細則 19 条 d）。

V. 個人情報の共有およびアウトソーシングについて

1. データ共有

データ共有（個人情報管理者が、その管理下にあるデータを他の個人情報管理者に共有、開示または移転する行為）[5] が認められるためには、上記IV．1．に記載した個人情報の処理の正当化事由が原則として必要となる[6]。

また、データを共有する場合、個人情報管理者の間でデータ共有契約（Data Sharing Agreement）を締結することが推奨される（データプライバシー法施行細則 20 条 2 項、NPC Circular No. 2020-03「DATA SHARING AGREEMENTS」）。なお、データ共有契約の締結は義務ではないが、データ共有契約は、データプライバシー法を遵守するための合理的な手段として国家プライバシー委員会が推奨するものである。データ共有契約には、図表 11-7 の内容を規定する。

また、データ共有を行う場合、データ主体に対し、データ共有の前、また

---

5) なお、個人情報処理者によるデータ共有は、個人情報管理者の指示に基づいて行う場合に許容される。

6) なお、個人情報を海外に移転する場合も同様である。日本の親会社にフィリピン子会社が有する個人情報を共有する場合、日本の親会社とフィリピン子会社の間でデータ共有契約を締結することが推奨される。

【図表 11-7　データ共有契約の内容】

- データ共有の目的および正当化事由
- データ共有契約の当事者である個人情報管理者、共同利用する個人情報の種類、個人情報処理の外部委託の有無、個人情報の処理の方法およびデータ保護担当者
- データ共有契約の期間（永久または不確定な期間を定めることは認められない。）
- データ共有の手続。データの受領者にデータの開示または公開を許可する場合は、①当該許可に関する正当な理由、②データへのアクセスを許可される当事者、③アクセス可能な個人情報の種類、④アクセスの頻度と量
- 共有データを保護するための合理的かつ適切な組織的、物理的または技術的な措置（データ侵害時の手続を含む。）
- データ主体の権利行使に関するメカニズム（①情報要求、苦情申立または国家プライバシー委員会の調査に対応する責任者、②データ主体によるデータ共有契約の閲覧謄写に関する手続^(注)。）
- 共有データの保管に関するルール、共有データの返却、破棄等の手続および時間軸

(注)　なお、データ共有契約の閲覧謄写の際、営業秘密等を非開示とすることは可能である。

【図表 11-8　データ共有の際にデータ主体に提供する情報】

- 個人情報にアクセスできる個人情報管理者（ただし、データ主体のリクエストがある場合は個人情報処理者の身元）
- データ共有の目的
- 共有する個人情報のカテゴリー
- 個人情報の受領予定者または受領者の種類
- データ主体の権利（アクセス権、訂正権、異議申し立ての権利等）の存在
- データ共有の性質と範囲および処理の方法についてデータ主体に十分に説明することができるその他の情報

は次の実際的な機会に、図表 11-8 の情報を提供する必要がある（データプライバシー法施行細則 20 条 b. 3 項、NPC Circular No. 2020-03 5 条）。

2.　データのアウトソーシング

　データのアウトソーシング（個人情報管理者が、第三者による個人情報管理者のための業務のために、当該第三者に対してデータを開示または移転する行為）の場合、個人情報管理者は、個人情報の移転について別途同意を取得する必要はない（NPC Advisory Opinion No. 2017-57）。アウトソーシングを行う場合、個人情報管理者とアウトソーシング先との間で図表 11-9 の内容を含むデータ処理契約が必要となる（データプライバシー法施行細則 44 条）。

【図表 11-9　データ処理契約の内容】

- 処理の主題および期間、処理の性質および目的、個人情報の種類およびデータ主体のカテゴリー、個人情報管理者の義務および権利、ならびにデータ処理契約に基づく処理の地理的場所
- 個人情報管理者の文書による指示にのみ従って個人情報を処理すること（他の国または国際機関への個人情報の転送を含む。ただし、この転送が法律で許可されている場合を除く）
- 個人情報を処理する権限を有する者に守秘義務が課されるようにすること
- 適切なセキュリティ対策を実施し、データプライバシー法、データプライバシー法施行細則、その他国家プライバシー委員会の意見等を遵守すること
- 個人情報管理者の事前の指示なしに、他の処理者に再アウトソーシングしないこと。再アウトソーシングの場合、処理の性質を考慮し、契約または法律に基づくデータ保護に関する義務が実施されることを保証すること
- 個人情報管理者が、適切な技術的および組織的手段により、可能な範囲で、データ主体の権利行使に関する要求に応じる義務を果たすよう支援すること
- 個人情報管理者が、処理の性質および個人情報処理者が利用できる情報を考慮して、データプライバシー法、データプライバシー法施行細則、その他の関連する法律および国家プライバシー委員会のその他の意見等を遵守することを支援すること
- 個人情報管理者の選択により、処理に関連するサービスの提供の終了後、すべての個人情報を削除または個人情報管理者に返却すること（法律により保存が許可されている場合を除き、既存のコピーを削除することを含む。）
- データプライバシー法に定められた義務を遵守していることを証明するために必要なすべての情報を個人情報管理者に提供し、個人情報管理者または個人情報管理者が委任した他の監査人が行う点検を含む監査を認め、これに協力すること
- 指示内容が、データプライバシー法、データプライバシー法施行細則、その他国家プライバシー委員会の意見等に抵触すると判断した場合、ただちに個人情報管理者に通知すること

VI. 個人情報管理者・個人情報処理者の義務

1. データ保護担当者の選任義務

　すべての個人情報管理者または個人情報処理者は、データ保護担当者（Data Protection Officer）を選任する義務を負う（データプライバシー法施行細則 26 条 a、NPC Advisory No. 2017-01）。データ保護担当者は、個人情報管理者または個人情報処理者によるデータプライシー法その他の関連法令の遵守を監督する責務を負う。

　データ保護担当者は、フルタイムの従業員であり、無期雇用または有期雇用の場合には 2 年以上の雇用が求められる。また、データ保護担当者は、独立性と専門知識が求められる。

　データ保護担当者の連絡先は、ウェブサイト、プライバシー通知、プライバシーポリシー、プライバシー・マニュアルまたはプライバシー・ガイドに掲載する必要がある。

2. データ処理システムの登録

　個人情報管理者または個人情報処理者のうち、(i) 250 名以上の従業員を雇用する者、(ii) 1,000 名以上のセンシティブ個人情報を処理する者、または、(iii)データ主体の権利や自由にリスクを生じさせる個人情報を処理する者は、データ処理システムを国家プライバシー委員会に登録する必要がある（NPC Circular No. 2022-4)[7]。新規の個人情報処理システムについては 20 日

---

[7]　登録義務を負わない場合には、登録義務を負わない旨等を宣誓する書類を提出する必要がある（ただし、自発的に登録する場合を除く。）。なお、このデータ処理システムの登録義務を負う個人情報管理者または個人情報処理者は、データ保護担当者についても登録する義務を負う。

以内（既存のデータ処理システムの軽微な変更の場合は 10 日以内）に登録する必要がある。

　上記の登録が完了後、国家プライバシー委員会は登録証書（Certificate of Registration）を発行する。登録証書の有効期間は 1 年間であり、期間満了の 30 日前に更新することができる。

　なお、上記のデータ処理システムの登録の際、自動化された決定やプロファイリングを行う個人情報管理者または個人情報処理者は、当該自動処理に関係するデータ処理システムを特定した上で、一定の事項（個人情報処理の正当化事由、個人情報の保管期間、自動処理の方法および個人情報に基づくデータ主体に関して想定される決定等）を国家プライバシー委員会に対して通知しなければならない（NPC Circular No. 2022-4）。

3.　個人情報安全管理措置

　個人情報管理者は、個人情報の破壊、改ざん、漏えいその他の違法な処理から保護するために、個人情報に関する安全管理措置を講じなければならない（データプライバシー法 20 条（a））。個人情報安全管理措置は、データ保護担当者の選任やデータ保護方針の策定、データ処理行為の記録等[8]）の組織的な措置、データへのアクセスや保管場所等の物理的な措置、および、不正

---

8)　データ処理行為については、①個人情報の処理目的に関する情報（意図された将来の処理またはデータ共有も含む。）、②処理に関与するデータ主体、個人情報、および当該個人情報の受領者の全カテゴリーの説明、③個人情報の廃棄または消去の期限を含む、収集、処理または保持の時点からの、組織内のデータの流れに関する一般的な情報、④組織的、物理的、技術的なセキュリティ対策についての一般的な説明、⑤個人情報管理者、および該当する場合は共同管理者、その代表者、およびコンプライアンス・オフィサーまたはデータ保護担当者、またはデータのプライバシーとセキュリティの保護に関する適用法令を確実に遵守する責任を負うその他の個人の名前と連絡先の詳細に関する情報の記録が求められる（データプライバシー法施行細則 26 条 c）。

アクセスからの保護等の技術的な措置を含む（データプライバシー法施行細則 25 条から 29 条）。

4.　セキュリティ事故マネジメント方針

　個人情報管理者または個人情報処理者は、情報漏えい等のセキュリティ事故を管理するためにセキュリティ事故マネジメント方針（Security Incident Management Policy）を策定する必要がある（NPC Circular 2016-03）。セキュリティ事故マネジメント方針においては、セキュリティ事故防止措置、セキュリティ事故が発生した際の担当者、対応方法およびデータ主体の損害軽減措置等を定める必要がある。

　民間の個人情報管理者または個人情報処理者は、セキュリティ事故防止措置の一環として、プライバシー影響評価（Privacy Impact Assessment）を実施することが推奨される。プライバシー影響評価は、個人情報の処理のリスクを特定、評価および管理し、データの処理行為を記録する目的で行われる。プライバシー影響評価の結果は書類化し、保管されることが望ましく、セキュリティ事故やデータ主体からの苦情が発生した場合、プライバシー影響評価を実施していることは個人情報管理者または個人情報処理者が個人情報の処理に適切に対応していることを示すことになる（NPC Circular 2017-03）。

VII.　データ主体の権利

　データ主体が有する権利は図表 11-10 のとおりである（データプライバシー法 16 条、18 条、34 条、データプライバシー法施行細則 34 条）[9]。

　個人情報管理者は、データ主体の権利行使に関する手続（権利行使に関するリクエストフォーム、本人確認手続、処理に要する日数（ただし、30 営業日を超えてはならない。）、手数料等）を定めなければならない。（NPC Advisory

【図表 11-10　データ主体の権利】

- 個人情報の処理（システムに入力される個人情報の内容、処理の方法、保管期間等）について情報を取得する権利
- 情報の処理に対する異議、同意の撤回等を申し出る権利
- 一定の情報（例えば、個人情報、個人情報の入手源、受領者の氏名等、処理の方法、個人情報管理者の名称等）にアクセスする権利
- 個人情報の修正を申し出る権利
- 一定の場合に個人情報の削除等を申し出る権利
- 個人情報の不正取得等により被った損害の賠償を求める権利
- 個人情報が電子的手段等により処理されている場合に処理中のデータのコピーを取得する権利

2021-01)。

VIII.　データ侵害時の対応

　個人情報管理者は、センシティブ個人情報またはなりすまし詐欺に使用される可能性がある情報[10] が不正に取得されたと合理的に考えられ、かつ、個人情報管理者が、当該不正取得により影響を受けるデータ主体に深刻な損害を与える可能性が高いと考える場合、国家プライバシー委員会と影響を受けるデータ主体に対し、原則として 72 時間以内に通知しなければならない（データプライバシー法 20 条（f）、データプライバシー法施行細則 38 条）[11]。

---

9)　なお、データ主体の相続人は、データ主体の死亡後、またはデータ主体が無能力になったとき、もしくはその権利を行使することができないとき、データ主体の権利を行使することができる（データプライバシー法 17 条）。

10)　例えば、データ主体の経済状況、ユーザーネーム、パスワード、ログインデータ、生体認証データ、本人確認書類の写し、納税番号等がこの情報に該当する（NPC Circular 16-03）。

【図表 11-11　国家プライバシー委員会およびデータ主体への通知の内容】

［国家プライバシー委員会への通知の内容］
● 情報漏えいの性質：(ｲ)情報漏えいが発生した経緯および情報漏えいを引き起こしたデータ処理システムの脆弱性の説明、(ﾛ)個人情報の管理喪失に至る経緯、(ﾊ)関係するデータ主体または記録の数、(ﾆ)個人情報侵害の概要、(ﾎ)個人情報侵害により想定される結果、(ﾍ)データ保護担当者その他の責任者の氏名および連絡先
● 影響を受ける可能性のある個人情報：(ｲ)関係するセンシティブ個人情報、(ﾛ)なりすまし詐欺に使用される可能性のある情報
● 個人情報侵害に対処する措置：(ｲ)措置の概要、(ﾛ)個人情報を保護または回復するための措置、(ﾊ)被害を軽減する措置、(ﾆ)データ主体に対する通知または通知が遅れた理由、(ﾎ)再発防止措置
［データ主体への通知の内容］
(ｲ)個人情報侵害の性質、(ﾛ)影響を受ける可能性のある個人情報、(ﾊ)個人情報侵害に対処する措置、(ﾆ)被害を軽減する措置、(ﾎ)データ主体がデータ侵害に関する追加情報を入手する際の連絡先、(ﾍ)データ主体に対する支援

　データ侵害時の通知は、図表 11-11 の内容を含む必要がある。

　すべてのセキュリティ事故および個人情報の侵害[12] は、通知義務の対象とならないものを含め、報告は文書化されなければならない。個人情報の侵害の場合、当該報告には、事故を取り巻く事実、当該事故の影響、および個人情報管理者が行った是正措置が含まれなければならない。報告書は、国家プライバシー委員会の要請があった場合に提出する必要があり、また、報告書の要約を毎年国家プライバシー委員会に提出する必要がある（データプラ

---

11)　なお、通知を要するデータ侵害か否かは、個人情報が国家の安全、治安、秩序または公衆衛生に与える影響、100 名以上の個人情報が関係しているか、法令の定める秘密情報か、社会的弱者の個人情報か等の観点が参考になるとされている（国家プライバシー委員会 Circular No. 2016-03）。

12)　個人情報の侵害は、個人情報に関する偶発的または違法な破壊、消去、改変、無権限の開示、アクセスを招くセキュリティの侵害をいう（データプライバシー法施行細則 3 条 k）。

イバシー法施行細則 41 条）。

IX. データプライバシー法違反に関する措置

　データプライバシー法違反に該当する行為があった場合、国家プライバシー委員会は、被害を受けたデータ主体の申立てにより、または、自らの判断でデータプライバシー法違反の調査を開始することができる。当該調査の結果、国家プライバシー委員会は、被害者に対する損害賠償、違法行為の中止命令、個人情報の処理の一時的な停止命令、司法省（Department of Justice）に対する告発等をすることができる。

　データプライバシー法またはデータプライバシー法施行細則の違反に対しては、罰則（拘禁刑・罰金）がある。違反行為の類型やセンシティブ個人情報か否かにより罰則の内容は異なるが、例えば、複数の違反行為があった場合には、3 年以上 6 年以下の拘禁および 100 万ペソ以上 500 万ペソ以下の罰金の対象になる。

　また、個人情報管理者または個人情報処理者による違反については、その重大性等に応じて以下のような行政制裁金が規定されている。ただし、行政制裁金の額は最大で 500 万ペソとされる。

【図表 11-12　行政制裁金の内容】

違反行為の重大性	違反行為の内容および行政制裁金
深刻な違反：	以下のいずれかに該当する場合には、違反が発生した直前の年の年間総所得の 0.5％ から 3％ までの行政制裁金が課される。 ●個人情報の処理に関するデータプライバシー法 11 条の違反であり、影響を受けるデータ主体の総数が 1,001 人以上である場合 ●データプライバシー法 16 条に基づくデータ主体の権利の侵害であり、影響を受けるデータ主体の総数が 1,001 人以上である場合 ●違反行為を繰り返し行った場合
重大な違反：	以下のいずれかに該当する場合には、違反が発生した直前の年の年間総所得の 0.25％ から 2％ までの行政制裁金が課される。 ●個人情報の処理に関するデータプライバシー法 11 条の違反であり、影響を受けるデータ主体の総数が 1,000 人以下である場合 ●データプライバシー法 16 条に基づくデータ主体の権利の侵害であり、影響を受けるデータ主体の総数が 1,000 人以下である場合 ●データプライバシー法 20 条（a）、（b）、（c）、または（e）に従って、個人情報のセキュリティを保護するための合理的かつ適切な対策を実施しなかった場合 ●自己に代わって個人情報を処理する第三者がデータプライバシー法 20 条（c）または（d）に従ってセキュリティ対策を実施しなかった場合 ●データプライバシー法 20 条（f）に従って、個人情報侵害について国家プライバシー委員会および影響を受けるデータ主体に通知しなかった場合（ただし、データプライバシー法 30 条によって罰せられる場合を除く。）

その他の違反：	①以下に該当する場合は、5万ペソ以上20万ペソ以下の行政制裁金が課される。 ●データプライバシー法7条（a）、16条、および24条、対応するデータプライバシー法施行細則に従い、個人情報管理者の連絡先等、データ処理システム、または自動意思決定に関する情報を登録せず、または、更新しなかった場合 ②以下に該当する場合は、5万ペソ以下の行政制裁金が課される。 ●データプライバシー法7条、対応するデータプライバシー法施行細則に従い、国家プライバシー委員会または国家プライバシー委員会から正当に権限を与えられた者の命令、決議または決定に従わない場合（ただし、当該行政制裁金は、国家プライバシー委員会の命令、決議または決定により課された行政制裁に追加して賦課される。）

第 12 章

撤退

Chapter 12

I. はじめに－フィリピン事業からの撤退の方法

　フィリピンへの進出後、さまざまな事情により現地事業からの撤退を行う必要が出てくることがある。**第2章「進出方法」**のとおり、フィリピン事業への進出形態としては、子会社、支店、駐在員事務所等、複数の選択肢が考えられるが、本章では、子会社形態での進出を行った事業からの撤退について紹介する。なお、子会社による事業からの撤退の方法としては、子会社の株式譲渡による方法（現地拠点を存続し第三者に承継させる方法）と、会社清算による方法（現地拠点を消滅させる方法）があるが、本章では会社清算による方法について紹介する。株式譲渡については、**第4章「M&A」**を参照されたい。

II. フィリピン法における会社清算手続の概要

　第2章「進出方法」で説明したとおり、「現地子会社」は株式会社であることが一般的であり、その解散および清算手続は、原則として改正会社法の定めに基づいて行われる。

　また、解散および清算しようとする会社が「支払不能状態（insolvent）」にある場合、債務者や会社債権者の申立て等により、再生・倒産法に定める手続も利用可能である。本章では、下記Ⅲ. において改正会社法に基づく会社清算手続について、下記Ⅳ. において再生・倒産法に基づく会社清算手続について、それぞれ紹介する。

III. 改正会社法に基づく会社清算手続

1. 概要

改正会社法に基づく会社清算手続は、大きく解散手続とその後の清算手続に分かれる。まず、解散手続によって会社の事業を停止し、その後の清算手続では会社が解散時に有していた財産の処分、分配などが主に行われる。解散手続後の会社は事業を行う権能を持たず、清算手続に必要な範囲で存続する。改正会社法の規定上、このような清算法人は、解散の効力発生日から3年間は存続するが、当該期間の経過とともに法人格は消滅すると定められている。なお、解散から3年以内に清算手続が完了しない場合、その後は受託者等（ただし、受託者等が選任されていない場合には取締役）が、清算手続を完了する義務を負う。

2. 解散手続

上記III. 1. のとおり、株式会社の解散には、任意解散と非任意解散がある（改正会社法133条）。日系企業によるフィリピン事業からの撤退の文脈では、株主である日本の親会社の意向に基づく現地子会社の清算、つまり、任意解散の手続が通常問題となる。

（1）任意解散

任意解散に分類される手続として、会社存続期間の満了による解散と、株主総会の解散決議による解散がある。このうち、株主総会の解散決議による解散は、（会社の解散によって）「影響を受ける債権者がいない場合（Where No Creditors are Affected）」と、「影響を受ける債権者がいる場合（Where Creditors are Affected）」で手続が異なる。なお、これらの中で、実務上最も

利用されているのは、会社存続期間の満了による解散であり、下記①に紹介するとおり、会社存続期間を短縮するための定款変更の方法により行われることが一般的である。

①　会社の存続期間の満了による解散

改正会社法上、原則として会社は永久に存続するものとされている（改正会社法 11 条）が、定款に存続期間について別途の定めを置いた場合には、当該存続期間の満了をもって自動的に解散する（改正会社法 136 条）。そのため、撤退するタイミングにあわせて新たに会社存続期間を設けたり、既存の会社存続期間を変更することにより、任意のタイミングで会社存続期間を満了させて会社を解散することが可能となっている。

なお、会社存続期間に関する定款変更に際しては、関係当局に対して所定の必要書類を提出し、その承認を得なければならない。関係当局に提出すべき書類の内容は、定款変更後の会社存続期間が 1 年以上か 1 年未満かにより異なり、その詳細は証券取引委員会の定めるガイドライン[1] に明記されている[2]。なお、会社清算に際しては、内国歳入庁からタックス・クリアランスを取得する必要があり、会社の状況によってはその手続に時間を要する可能性がある。

②　株主総会決議による場合

会社の存続期間満了前（定款に会社存続期間を定めない場合を含む。）であっても、株式会社は、株主総会の承認決議により任意解散を行うことができる。この場合、当該会社の解散により「影響を受ける債権者がいる場合」と、「影響を受ける債権者がいない場合」で必要な手続が異なる。会社の解散により影響を受ける債権者の有無は通常、当該会社の取締役会決議のプロセスにおいて判断されることが一般的であると考えられる[3]。

---

1)　SEC Memorandum Circular No. 5 Series of 2022

2)　例えば、定款変更後の会社存続期間が 1 年未満の場合、監査済財務書類、変更後の定款、債権者から反対がないこと等に関する宣誓供述書等の提出が必要となる。

（a）影響を受ける債権者がいない場合

会社の解散による影響を受ける債権者がいない場合の手続の概要は図表 12-1 のとおりである。取締役会において、解散について過半数の賛成による決議を行った後に、株式総会を開催する。株主総会の招集通知は、総会の開催日の 20 日以上前に株主に送付しなければならない（改正会社法 134 条）。株主総会の招集通知の内容は、会社の主たる事務所の所在地において刊行されている新聞紙[4]上に掲載することにより公告する必要がある（同条）。株主総会では発行済株式の過半数を有する株主の過半数の賛成による決議によって、解散が承認され、証券取引委員会への届出を行うこととなる。証券取引委員会に提出すべき書類の内容の詳細は証券取引委員会の定めるガイドラインに記載されており、内国歳入庁から取得したタックス・クリアランス等を提出しなければならない。なお、下記（b）に紹介する「影響を受ける債権者がいる場合」とは異なり、証券取引委員会は解散の申請を一般に承認するといわれている。

（b）影響を受ける債権者がいる場合

会社の解散による影響を受ける債権者がいる場合の手続の概要は図表 12-2 のとおりである。影響を受ける債権者がいない場合と基本的な手続の構造に差異はない。ただし、影響を受ける債権者がいる場合、上記（a）の債権者が影響を受けない場合とは異なり、解散により影響を受ける債権者を保護する必要があることから、証券取引委員会による実質的な審査が行われる。例えば、証券取引委員会が、会社を解散させるのではなく再生手続を進めた

---

3) 取締役の判断に瑕疵がある場合（例えば、明らかに債権者が影響を受ける任意解散であるにもかかわらず、故意にその事実を無視し、債権者が影響を受けない任意解散として手続を進めたような場合が考えられる。）には、損害を受けた債権者から損害賠償請求があり得るほか、当該取締役の行為が詐欺的な行為に該当しうるときは改正会社法に定める行政罰が科される可能性がある（改正会社法 168 条）。

4) 当該地域にそのような日刊新聞紙が存在しない場合はフィリピン国内において流通している日刊新聞紙で足りる。

【図表 12-1　影響を受ける債権者がいない場合の解散手続(改正会社法 134 条)】

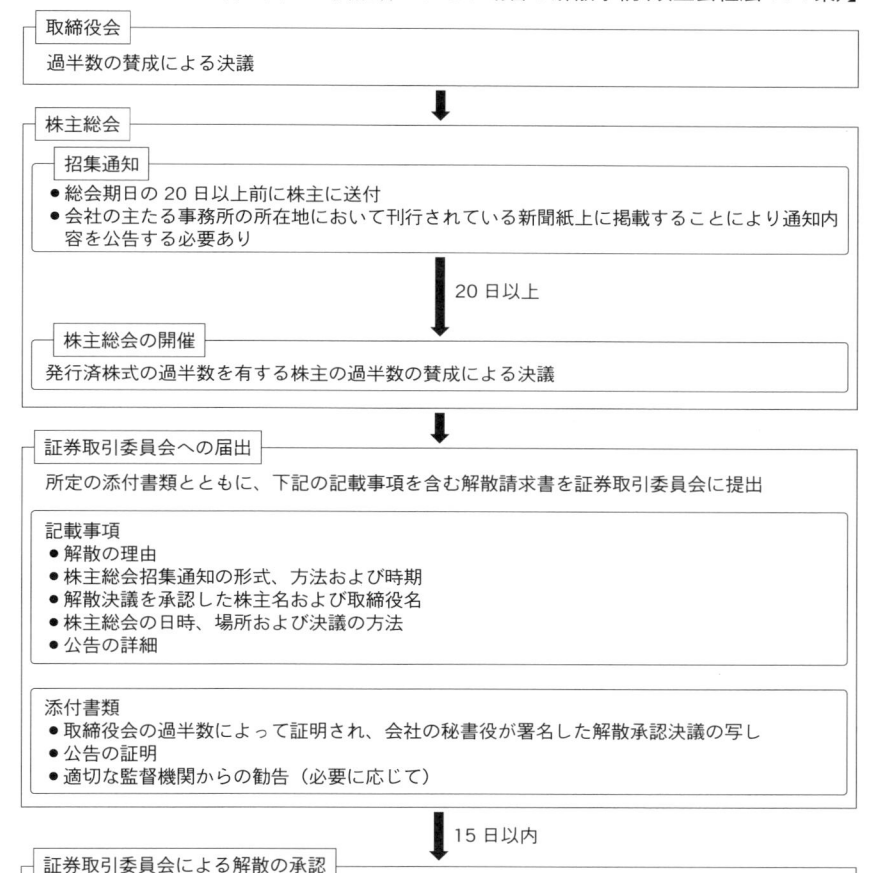

ほうが会社債権者の利益となると判断した場合には、解散を承認しない判断を行うこともありうる。また、証券取引委員会は、解散の承認の前に異議申立手続を実施する必要がある（改正会社法 135 条）。

【図表 12-2　影響を受ける債権者がいる場合の解散手続（改正会社法 135 条）】

取締役会
過半数の賛成による決議

株主総会

招集通知
改正会社法および会社定款に定める手続に従って招集通知を行う

20 日以上

株主総会の開催
発行済株式の 3 分の 2 以上を有する株主の賛成または当該総会に招集された株主の 3 分の 2 以上の多数による賛成による決議

証券取引委員会への届出
所定の添付書類とともに、下記の記載事項を含む解散請願書を証券取引委員会に提出（解散請願書は、取締役の過半数の署名と、社長、会社秘書役または取締役の 1 名による確認を受けなければならない）

記載事項
- ●解散の理由
- ●株主総会招集通知の形式、方法および時期
- ●解散決議を承認した株主名および取締役名
- ●株主総会の日時、場所および決議の方法

添付書類
- ●取締役会の過半数によって証明され、会社の秘書役の署名した解散承認決議の写し
- ●全債権者のリスト

異議申立手続

証券取引委員会による命令
解散請願書が要件を満たす場合、30 日～60 日の異議申立期間を定めた命令を発する

新聞紙上での公開
証券取引委員会による異議申立に関する命令は、少なくとも週に 1 度、3 週連続で、会社の主たる事務所の所在地において刊行されている新聞紙上に掲載することにより公告する必要あり

30 日～60 日の
異議申立期間

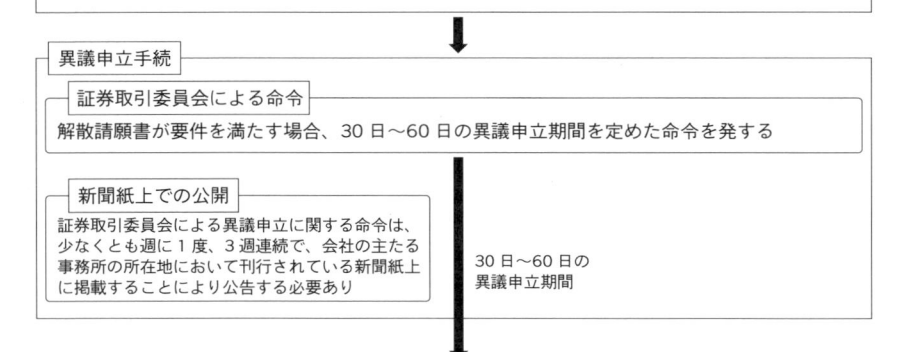

証券取引委員会による審査
異議申立期間の満了後、5 日前に通知したうえで解散請願の申立者に対するヒアリングを行うとともに、申立のあった異議について審査を行う

証券取引委員会による解散の承認
証券取引委員会による解散証明書の発行により解散は効力を生ずる

（2）　非任意解散

　証券取引委員会は、以下の場合に自らの判断により、または利害関係者からの申立てを受けて、株式会社の解散命令を発することができる（改正会社法 138 条）。

- 事業を 5 年以内に開始しない場合
- 事業開始後、5 年間継続して事業活動を行わなかった場合
- 裁判所による解散命令を受けた場合
- 会社が欺罔により設立されたことが確定判決において認められた場合
- (イ)会社が証券取引規制違反、密輸、脱税、マネーロンダリング、汚職等の実行、隠匿、ほう助を目的として設立されたこと、(ロ)会社がこれらの行為を行っており、株主がそれを認識していたこと、および(ハ)会社が、取締役、オフィサー、従業員等による汚職、その他の不正行為や違法行為の実行を知りつつこれを繰り返し容認したことが確定判決によって認められた場合

| Column | 「タックス・クリアランス」について |

「タックス・クリアランス」は、清算しようとする会社がすべての租税債務を支払済であることを証する書面として、内国歳入庁が発行するものである。すべての会社は会社の解散に際してこのタックス・クリアランスを取得する必要がある。税金の支払手続が会社清算手続のボトルネックとなる事例は多数の新興国でみられるが、フィリピンでも同様である。もちろん、各社の租税債務の支払状況等により異なりうるところであるが、タックス・クリアランスの取得には 1 年を要することが多く、迅速な会社清算手続の支障となっている。

3.　清算手続

　解散した会社は、現務の結了、会社資産の処分、残余財産の分配、解散時点において係属中の訴訟の追行といった、会社清算のために必要な対応の実施のみを目的とする法人として存続し、解散までに行っていた事業を継続することはできない。改正会社法上、清算手続については、139 条にわずかな規定が置かれているのみであり、実際の運用は、証券取引委員会のガイドライン等に基づいている。

　清算手続を遂行する主体として、(イ)取締役会、(ロ)受託者（Trustee）および(ハ)財産保全管理人（Receiver）がある。解散後、当然に当該会社の取締役が清算手続を主導することになるが、取締役会はその決議により受託者を任命し、会社清算手続を委ねることが可能であり、この場合、清算手続は受託者により実施される。また、裁判所規則（Rules of Court）に定めるところにしたがって、裁判所が、債権者や株主の申立てにより、または職権で財産保全管理人を任命した場合も、受託者に清算を委ねた場合と同様、取締役会は清算を主導する権限を喪失し、清算対応に関するすべての権限は財産保全管理人が執行することになる。

　なお、清算手続において帰属先が不明な会社資産は、最終的に国庫に帰属する（改正会社法 139 条）。

IV. 再生・倒産法に基づく清算手続

1. 概要

　支払不能状態にある会社については、再生・倒産法[5] が定める手続に従って解散および清算を行うことも可能である[6]。再生・倒産法に基づく会社清算手続には、会社自ら清算手続を申し立てる任意清算と、会社債権者が当該会社の清算を申し立てる非任意清算の二つの種類がある。

　再生・倒産法に基づく会社清算手続は、図表 12-3 に示すとおり、会社清算の申立てを受けた裁判所による清算命令後、清算人が選任され、清算人による財産処分や債務弁済を経て、清算手続が終了するという流れで進められることになる。

2. 裁判所への清算手続の申立て

(1) 任意清算

　支払不能状態にある会社は裁判所に対して会社清算の申立てをすることが

---

5)　再生・倒産法に加え、清算・支払停止手続規則にも支払不能状態にある会社の解散および清算に関連する手続について定める規定が置かれている。

6)　なお、上記Ⅲ. 2.（1）. ②.（b）のとおり、支払不能状態にある会社が、再生・倒産法ではなく改正会社法に基づく株主総会決議による任意解散の形態を採る場合、会社の解散による「影響を受ける債権者がいる場合」として手続を進める必要があるものと考えられる。

【図表 12-3　再生・倒産法に基づく清算手続】

```
┌─ 裁判所への倒産手続の申立 ──────────────────────────────────┐
│                                                                      │
│ ┌─ 任意清算（再生・倒産法 90 条）──┐  ┌─ 非任意清算（再生・倒産法 91 条）─┐ │
```

任意清算（再生・倒産法 90 条）

● 再生・倒産法に基づく会社清算を行おうとする会社自身による申立て

　取締役会決議

　↓　株主総会期日の 20 日前
　　　までに招集通知を行う

　株主総会決議

　発行済株式の 3 分の 2 以上を有する株主の賛成または当該総会に招集された株主の 3 分の 2 以上の多数による賛成による決議

● 裁判所に対して以下の項目を含む任意清算の申立てを行う

▶ 債務のリスト（債権者の住所、債権額、担保の有無等を含む）
▶ 会社資産（第三者に対する債権を含む）のリスト
▶ 清算人候補者の名前（3 名以上）
▶ 取締役会による解散請願書の提出に関する証明書
▶ 発行済株式総数の 3 分の 2 以上を保有する株主による解散請願の実施の承認を証明する証明書
▶ 直近 2 年間に取得、処分等を行った不動産のリスト
▶ 直近 3 年間の監査済財務書類
▶ 直近 1 年間の所得税申告書

非任意清算（再生・倒産法 91 条）

● 債権者少なくとも 3 名（債権額の合計が、1,000,000 ペソまたは払込済資本金の 25％のいずれか高い方以上でなければならない）による申立て
● 裁判所に対し、以下の項目を含む申立書類の提出を行う

▶ 申立人である債権者の有する債権に関して事実上および法律上の問題がないこと
▶ 債務者において弁済期到来前の債務について 180 日以上弁済がなされていないか、債務一般について弁済期に履行がなされていないこと
▶ 債務者の更生可能性が十分に認められないこと

　裁判所による命令

● 週に 1 回、2 週連続で一般に刊行されている新聞紙上での公告を行うことを命じる旨
● 債務者および債権者（申立人を除く）に対し、最後の公告実施の日から 15 日以内に意見申立てを行うことを命じる旨

↓

┌─ 裁判所による清算命令 ──────────────────────────────────┐

清算命令の内容（再生・倒産法 112 条）

● 会社が支払不能状態にある旨の宣言
● 会社が解散された旨の宣言
● 週に 1 回、2 週連続で、一般に刊行されている新聞紙上での公告を行うことを命じる旨
● 清算人への債務の弁済および資産の移管を命じる旨
● 債務者による支払および資産譲渡を禁じる旨
● 清算人が就任の宣誓をした日から 5 日以内に債権を届け出るよう債権者に命じる旨（清算・支払停止手続規則 4 章 2 条（g））
● 清算人選任のためのヒアリング期日（新聞紙上での最後の公告から 30 ～ 45 日）の指定　など

清算命令の効果（再生・倒産法 113 条）

● 会社は解散したものとみなされ、法人格が消滅する
● 会社の全ての資産は清算人（選任までは裁判所）に移転する
● 会社の全ての既存の契約は、清算人が別途の取扱いを定め当事者が同意しない限り、終了する
● 担保権のない債権について倒産手続外での回収が禁じられる　など

↓

清算人の選任

- 原則として、所定の期間内に債権の届出を行った債権者の決議により清算人の選任を行う
- 以下の場合には、債権者に代わり裁判所による清算人の選任が行われる（再生・倒産法 116 条）

  ▶ 清算人選任の期日に債権者が出席しない場合や清算人の選任を拒んだ場合
  ▶ 清算人選任決議後、清算人が就任資格を喪失した場合や理由の如何を問わず欠員が生じた場合

会社清算手続

債権者の確定

- 清算人就任から 20 日以内に、初期的な債権登録簿（registry of claims）を作成。同登録簿は公衆の閲覧に付さなければならない（再生・倒産法 123 条）
- 会社債権者、株主等の利害関係人は、債権届出期間の満了後 30 日以内に、会社の債権の状況に関して裁判所に対し異議を申し立てることができる（再生・倒産法 125 条）
- 争いのない債権については裁判所への提出により原則として確定する（再生・倒産法 125 条）。争いのある債権については、清算人において必要な対応を行った上、裁判所の最終承認を取得しなければならない（再生・倒産法 126 条）

清算人による会社資産の処分等

- 清算人就任から 3 か月以内に清算計画（Liquidation Plan）を策定し、裁判所に提出する（再生・倒産法 129 条）。債権者への支払は、裁判所の承認を受けた清算計画に基づいて行わなければならない（再生・倒産法 132 条）
- 会社資産の処分は、原則として公売手続による。ただし、保管に高額な費用を要する等の事情がある場合、および会社および債権者の最善の利益に資する場合には、裁判所の承認を得た上で私的売却によることも可能（再生・倒産法 131 条）

会社清算手続の終了

- 清算人は会社資産の処分等の完了後、最終報告書を裁判所へ提出する。裁判所は清算人による報告を承認し、証券取引委員会に対し、当該法人債務者の登記を法人登記簿から削除するよう命じる（再生・倒産法 134 条）
- 登記の抹消を確認後、裁判所は清算手続の終了を命じる（再生・倒産法 135 条）

できる（再生・倒産法 90 条）。ここでいう「支払不能状態」とは、(イ)通常の事業の過程において弁済期が到来する負債一般を支払うことができない状態にあるか、または(ロ)債務超過の状態にあることをいうと定義されている（再生・倒産法 4 条（p））。

　再生・倒産法に基づく任意清算の申立てに際して裁判所に提出することが求められる主な書類および情報は、図表 12-3 に記載のとおりである。

（2）非任意清算

　債権者は、申し立てる債権者の債権の合計額が 1,000,000 ペソまたは払込済資本金の 25% のいずれか高い額以上である場合、債権者 3 名以上の申

立てにより、裁判所に対し、債務者である会社の清算を求めることができる（再生・倒産法 91 条）。非任意清算の申立てに際して裁判所に提出することが求められる主な書類および情報は、図表 12-3 に記載のとおりである。申立人は、当該申立てにおいて、(イ)申立人である債権者の有する債権に関して事実上および法律上の問題がないこと、および債務者において弁済期到来済の債務について 180 日以上弁済がなされていないか、債務一般について弁済期に履行がなされていないこと、ならびに(ロ)債務者の更生可能性が十分に認められないことを裁判所に示さなければならない。

　裁判所への上記申立てが要件を満たす限り、裁判所は(イ)週に 1 回、2 週連続で、一般に刊行されている新聞紙上での公告を行うことを命じる旨、および(ロ)債務者および債権者（申立人を除く）に対し、最後の公告実施の日から 15 日以内に意見申立てを行うことを命じる旨を内容とする命令を発出する。

　上記の手続において、関係者から意見が申し立てられた場合、裁判所は当該意見について検討を行う。

3.　裁判所による清算命令

（1）　清算命令の内容

　上記 2. の申立てが要件を満たしている限り、裁判所は図表 12-4 を内容とする清算命令を発出する（再生・倒産法 90 条および 112 条）。

（2）　清算命令の効果

　裁判所による清算命令の発出により、清算対象となる会社の法人格、既存の資産および契約等は図表 12-5 のとおりとなる。

【図表 12-4　清算命令の内容】

- 申立会社が支払不能状態にあることの宣言
- 申立会社が解散されたことの宣言
- すべての財産（免除対象資産を除く）の所有および支配を執行官に命じる旨
- 連続する 2 週間において週に 1 度、一般に刊行されている新聞紙上での公告を行うことを命じる旨
- 清算人への債務の弁済および資産の移管を命じる旨
- 債務者による支払および資産譲渡を禁じる旨
- 清算人が就任の宣誓をした日から 5 日以内で債権を届け出るよう債権者に命じる旨（清算・支払停止手続規則 4 章 2 条（g））
- 弁済期にある手続費用の支払を承認する旨
- 申立人以外の会社または債権者において清算人候補を指名可能である旨
- 最後に公告がなされた日から 30 日〜45 日の期間において清算人の選任および任命のための審問を設定する旨

【図表 12-5　清算命令の効果】

法人格	会社は解散したものとみなされ、法人格が消滅する。
既存の資産	原則として会社資産の支配権および法的所有権は清算人（清算人が選任されるまでは裁判所）に帰属するとみなされる。
既存の契約	すべての既存契約は、清算人が、就任後 90 日以内に契約相手方と合意した上で別途の取扱いとする旨を宣言しない限り、終了または破棄されたものとみなされる。
その他	担保権のない債権の回収について個別の請求を行うことはできない。また、担保権実行手続は 180 日間禁じられる。

4. 清算人の選任

　清算人は、原則として、裁判所が定めた期間内に債権の届出を完了した債権者[7]の決議により選任される（再生・倒産法 115 条）。

　例外として、清算人の選任期日に債権者が出席しない場合、債権者が清算人の選任を拒んだ場合、選任された清算人が就任資格[8]を喪失した場合な

ど一定の場合には裁判所が清算人を任命する（再生・倒産法 116 条）。

5.　会社清算手続

（1）債権者の確定

　清算人は、就任から 20 日以内に、担保権のある債権と担保権のない債権についてそれぞれ初期的な債権登録簿（registry of claims）を作成した上で、債権者や株主等の利害関係人に対し閲覧可能な場所および時期を通知して、公衆の閲覧に付さなければならない（再生・倒産法 123 条）。債権届出期間の満了から 30 日以内に、会社債権者、株主等の利害関係人は、会社の債権の状況について裁判所に対し異議を申し立てることができる。争いのない債権は債権登録簿に記載されて裁判所に提出されることにより原則として確定する。他方、争いのある債権については、清算人において対応した上で、裁判所の最終承認を得て初めて確定する（再生・倒産法 125 条および 126 条）。

　また、清算人は就任から 3 か月以内に、清算計画を裁判所に提出しなければならない（再生・倒産法 129 条）。さらに、清算人は四半期に一回、裁判所に対して清算の状況に関する報告書を提出する必要がある（再生・倒産法 121 条）。

（2）清算人による会社資産の処分等

　清算命令を受けた会社においては、清算人による財産処分手続がとり進め

---

7)　被担保債権者は原則投票を認められない（再生・倒産法 115 条）。ただし、担保権を放棄した場合や、担保権の対象となる財産の価値が清算人との合意により確定し、被担保債権の金額が担保物件の価値を上回る場合は投票権を認められる（同条）。

8)　再生・倒産法 118 条および 29 条に基づく資格を有する者（(イ)フィリピン国民であることまたは任命の直近 6 か月間フィリピンに在住していたこと、(ロ)善良な人格等を有すること、(ハ)倒産法などに関する知識を有すること）が清算人に任命される。

【図表 12-6　財産処分手続の内容】

資産の区別	処分の方法
担保権が設定されている資産	1. 当該資産を債権者へ譲渡する方法 　● 資産価額は、債権者と清算人で合意し、裁判所の承認を受けた方法により算定 　● 合意した資産価額が被担保債権額を上回る／下回る場合、その差額についての調整 [注] を行う必要あり 2. 清算人が処分する方法 　● 資産処分時の条件は、債権者と清算人で合意し、裁判所の承認を受ける必要あり 3. 法律に定めるところに基づき債権者が差押えを行う方法
担保権が設定されていない資産	● 原則として清算人が公売手続により売却を行う（再生・倒産法 131 条、清算・支払停止手続規則 4 章 26 条） ● 資産の維持・保管に不相当に高額な費用がかかる場合等または私的実行が関係当事者の利益に資する場合には、裁判所の承認を得て私的実行によることも可能 ● 裁判所の承認を得て代物弁済を行うことも可能

（注）　資産価額が被担保債権額を超過する場合、債権者は当該超過分を清算人に対して支払わなければならない。他方、資産価額が被担保債権額に不足する場合、当該不足分は無担保債権として残ることになる。（清算・支払停止手続規則 4 章 7 条）

られることになる。財産処分手続は、処分対象となる資産に担保が付されているか否かにより内容が異なり、その概要は図表 12-6 のとおりである。なお、被担保債権者は担保権を選択により放棄することができ、その場合は担保権が設定されていない資産と同じ方法により処分手続が行われる（再生・倒産法 114 条）。

(3)　会社清算手続の終了

　清算人は、清算手続の終了にあたり、最終報告書を作成し裁判所に提出しなければならない（再生・倒産法 121 条）。また、清算人は、新聞紙上またはそれ以外の裁判所が指定もしくは許可する方法により全債権者に所定の通知を行った上で、最終清算書を裁判所に提出し、裁判所の審査を受ける。裁判所において最終清算書が妥当なものと認められれば、裁判所により清算人の任務が解かれる（再生・倒産法 122 条）。

　法律に定めるところによる清算手続が完了したと判断した場合、裁判所は、証券取引委員会に対して、当該法人債務者の登記を法人登記簿から抹消するよう命ずる（再生・倒産法 134 条）。登記の抹消の確認後に発出される裁判所による清算手続の終了命令により、再生・倒産法に基づく清算手続が完了となる（再生・倒産法 135 条）。

第 13 章
紛争解決制度

Chapter 13

I. フィリピンにおける紛争解決方法の概要

1. 総論

　フィリピンにおける民事上の紛争解決方法としては、民事裁判と裁判外紛争解決手続（Alternative Dispute Resolution：「ADR」）がある。

　このうち、民事裁判は、おおむね図表 13-1 に記載の流れで進行する。フィリピンの民事裁判は、その手続の中に裁判所附属調停（Court-Annexed Mediation：「CAM」）および裁判官による紛争解決手続（Judicial Dispute Resolution：「JDR」）が組み込まれていることが特徴的である。

　一方、ADR としては、(イ)仲裁（Arbitration）、(ロ)調停（Mediation）、(ハ)早期中立評価（Early neutral evaluation）、(ニ)ミニ・トライアル（Mini-Trial）、(ホ)調停-仲裁（Mediation-arbitration）が存在する。当事者はその合意により、原則として自由に、紛争解決を ADR に付託することができる（ADR の各手続の概要については下記Ⅲ参照）。また、民事訴訟がすでに裁判所に提起されている場合であっても、当事者の一方が ADR のいずれかによる紛争解決を希望する場合には、第一審裁判所による終局判決がなされるまでの任意のタイミングで、裁判所に対し当該紛争を ADR に付託する旨の申立てをすることができる。この場合、当事者は共同で、すでに係属している民事訴訟の手続について、一時停止または却下の申し立てを行う。

2. 民事裁判、裁判所附属調停および裁判官による紛争解決手続の関係

　図表 13-1 のとおり、裁判所への民事訴訟の訴えが行われた場合、民事裁判手続における裁判所によるトライアル（Trial）に入る前段階として、調停の対象とならない権利（例えば、婚姻に関する法的地位等、当事者が自由に処分することができない権利を意味する）に関する紛争を除くすべての通常の民事

【図表 13-1 裁判所附属調停および裁判官による紛争解決手続】

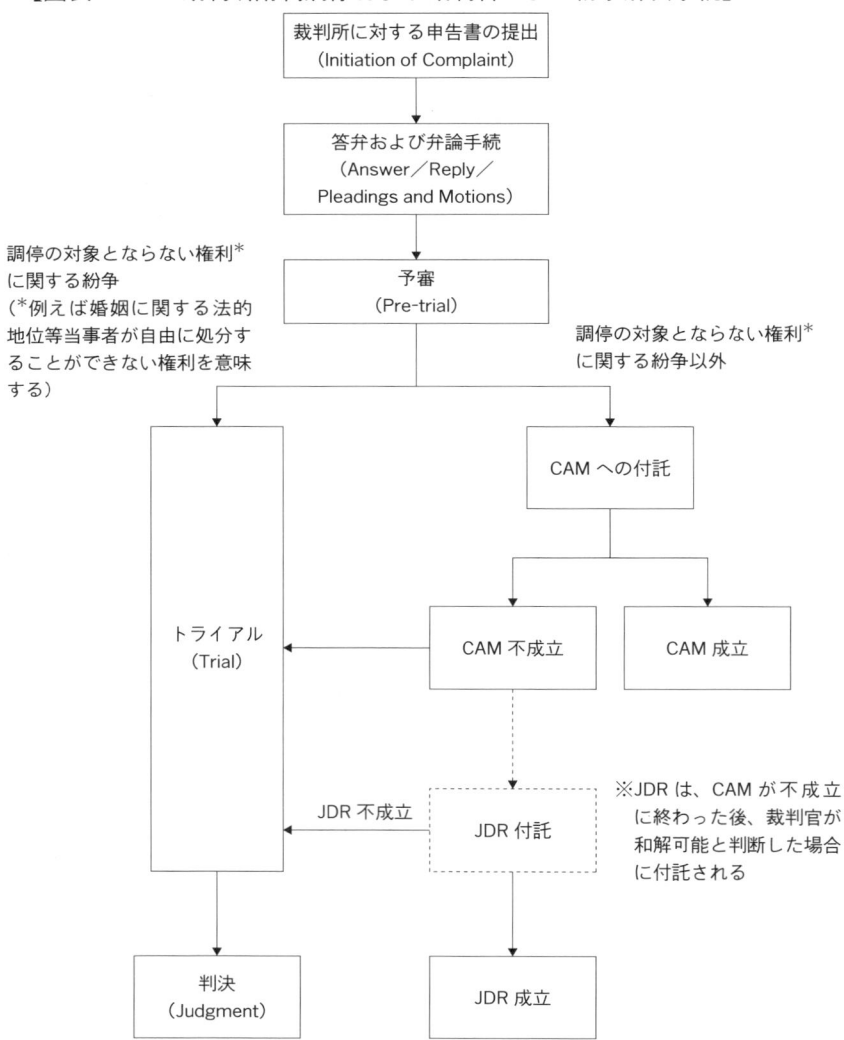

※当事者は、合意により、民事裁判手続の任意の段階で、CAM/JDR への移行を裁判所に請求可能。
※裁判所は、当事者の合意に基づき、民事裁判を ADR に移行することが可能。
　この場合、当事者は、裁判所に対し、民事裁判手続の中断または却下を申し立てることができる。

事件は、CAM に付託されることになる。

　CAM では、調停人のもとで、合意による紛争解決に向けた当事者間の協議が行われる。CAM における調停が不成立に終わった場合には、裁判所による民事裁判手続へと進むことになるが、CAM は不調であったものの、裁判所において当事者間による合意による解決の余地があると判断した場合、JDR が開始される。JDR では、裁判官が仲介者および中立的な評価者として、当事者間における紛争解決に向けた協議を促進する。JDR における協議においても当事者間で紛争解決について合意に至らなかった場合には、事件はトライアル（Trial）の手続へと進むことになる。

　また、当事者は、民事裁判手続の任意の段階で、合意の上で、当該紛争をCAM または JDR に付託するよう裁判所に請求することも認められている。

II.　民事訴訟

1.　民事訴訟手続の関連法令の概要

　民事訴訟手続は、主に 1997 年民事訴訟規則、裁判所規則（Rules of Court：「**ROC**」）および最高裁判所の公表するその他の諸規則によって規律されている。

2.　裁判所の構成および管轄

　フィリピンにおける第一審の裁判所としては、㈜マニラ首都圏を管轄する裁判所である首都圏裁判所（Metropolitan Trial Courts）、㈨マニラ首都圏に属さない都市を管轄する裁判所である都市部裁判所（Municipal Trial Courts in Cities）、㈦地方自治体を管轄する市町村部裁判所（Municipal Trial Courts in municipalities）、市町村巡回裁判所（Municipal Circuit Trial Courts in municipalities）および(ニ)地方裁判所（The Regional Trial Courts）が存在する。これらのうち、上記(イ)から(ハ)の裁判所は、2,000,000ペソ（不動産の所有または占有に関わる場合は、不動産またはその持分の価格が400,000ペソ）を超えない請求事件について管轄を有する。これらの裁判所の管轄に属さない事件は、地方裁判所が管轄を有する。なお、地方裁判所は、上記(イ)から(ハ)の裁判所の管轄に属さない事件に関する第一審裁判所であるとともに、これらの裁判所による判決に関する上訴裁判所としても機能する。

また、一定の専門的分野に関する特別な管轄を有する裁判所として、特別商事裁判所、家庭裁判所、特別海事裁判所、サイバー犯罪に関する裁判所が存在する。

地方裁判所を含む第一審裁判所の判決に対する不服申立て（上訴）は、23の地区に設置された高等裁判所に対して行われる[1)]。そして、高等裁判所の判決に対する不服申立てを行う最終審の裁判所として、最高裁判所が存在する。最高裁判所は司法機関の最上位に位置し、15人の裁判官で構成される。下級裁判所の判決を見直し、下級裁判所や政府機関による重大な裁量権の逸脱の有無を判断する権限を持つ。

3. 民事訴訟手続の流れ

(1) 総論

民事訴訟手続の大まかな流れは図表13-2のとおりである。

裁判所規則上、訴訟の各手続について、訴訟当事者と裁判所それぞれにおいて遵守すべき期間が規定されているものの、これらの期間が規定どおりに守られることは稀であり、民事訴訟はその終結までに長期間を要することが

1) なお、高等裁判所は第一審裁判所からの上訴に加えて、行政機関による準司法的判断に対する不服申立てについても審査を行う。

【図表 13-2　民事訴訟手続の概要】

	項目	手続の概要
1.	訴 え の 提 起（Initiation of Complaint）	訴状の提出、裁判所による訴状の審査、被告に対する召喚状の発行・送達
2.	答弁および主張書面の提出等（Answer／Reply／Pleadings and Motions）	答弁書および主張書面の提出ならびに申立て（訴え却下の申立て（Motion to dismiss）、請求明細書面の申立て（motion for bill of particulars）等）
3.	予審（Pre-trial）、CAM および JDR	争点整理、CAM および JDR への付託[注] など
4.	トライアル（Trial）	証拠調べ
5.	裁判の終了（Judgment）	裁判所による判決の言い渡し等による裁判手続の終了

（注）　CAM および JDR の手続の概要については上記 I. を参照されたい。

一般的である点は十分留意する必要がある。

　なお、迅速な裁判手続として少額訴訟と略式訴訟（下記（2）①参照）が存在する。少額訴訟は、利息および費用を除き、請求額が 1,000,000 ペソを超えない場合にその金銭の支払を求めるものである。略式手続は、㋑遺言検認手続を除く、請求額が 2,000,000 ペソを超えないそのほかの民事事件、㋺1,000,000 ペソを超えるバランガイ和解裁定[2] および仲裁裁定等の執行、立ち退き事件、第一審判決の差戻しに関わる事件にも適用される。

　民事裁判の訴訟費用には、手数料（原則として、訴額の 2%）、弁護士費用、証人や嘱託の費用等が含まれる。訴訟費用は原則として各当事者が負担するが、裁判所はその権限により、敗訴当事者に訴訟費用の負担を命じることもできる。なお、弁護士費用について特段の規制は定められておらず、成功報酬の取り決めも、弁護士が自己の費用と責任で訴訟を遂行し、その対価とし

2）　フィリピンにおける最小の行政区画である「バランガイ」において行われる裁判外紛争解決手続の一種であり、弁護士の関与なく行われる手続である。

て勝訴判決の際の利益の一部を報酬として受け取るような投機的側面を有する契約に該当しない限り、原則として許容されている。

(2) 訴えの提起（Initiation of Complaint）

①　訴状の提出、訴訟の記載事項・添付書類

訴えの提起は原告による裁判所への訴状の提出により行われる。

訴状には、原告の請求原因事実を構成する事実を記載し、原告と被告のそれぞれの氏名と居住地を記載しなければならない。原告は、訴えの提起に際して、(イ)訴状記載の主張が、原告の知り得る限り、または真正な記録による限り、真実かつ正確であること、(ロ)当該訴えの提起は、嫌がらせや、不必要な遅延または訴訟費用の負担を強いることを目的としたものではないこと、(ハ)訴状記載の事実は証拠により裏付けられるものであることを、宣誓供述書の形式で提出する必要がある。また、原告は、同一の争点を含む訴訟手続を別途開始していないこと等を宣誓の上で言明する、フォーラム・ショッピングがないことの証明書（Certification against Forum Shopping）や、原告の代理人について、代理権の付与を証明するための委任状等も訴状に添付しなければならない。これらに加え、訴えが契約証書または証拠書類に基づくものである場合には、当該契約証書または証拠書類の内容を訴状に記載するとともに、当該証拠書類等の原本または写しを添付書類として添付する必要がある。また、訴状には、立証方法について、(イ)証人の氏名および証言の概要、(ロ)証人の宣誓供述書、(ハ)訴状に記載された主張を裏付ける証拠書類および証拠物件を記載しなければならない。なお、正当な理由がある場合を除き、訴状に記載されていない証人を事後的に追加することは認められない点に留意が必要である。

②　訴状の審査

裁判所は、提出された訴状について、偽計または虚偽の訴えであること、余事記載があること、無関係、不適切または他者を中傷する事項を含む内容であることが判明した場合、訴えの全部または一部を却下する権限を有する。

③　召喚状の送達

　裁判所は提出された訴状を審査し、形式的に却下すべきか否かを判断する。審査の結果、当該訴状を却下すべきではないと判断した場合、裁判所は、5日以内に相手方当事者に対する召喚状を発出する。

　なお、召喚状の送達は、原則として、写しを被告本人に対して直接手渡す方法、または、被告が受領を拒否する場合には被告に送付する方法により行う。ただし、正当な理由がある場合には、(イ)被告の住居において 18 歳以上で十分な判断能力を有する住人に託す方法、(ロ)被告の事務所または通常の就業場所において担当者に託す方法、(ハ)立入を拒否された場合には、被告の住居の管理組合の責任者等に託す方法、または(ニ)裁判所の許可を得て被告の電子メールアドレスに電子メールで送付する方法によることも認められる。

　被告がフィリピン国外にいる場合における召喚状送達においては、域外送達が利用される。域外送達は、当該訴えが、(イ)原告の身分関係に影響を及ぼす場合、(ロ)被告が利害関係を主張するフィリピン国内の財産に関係するものであり、被告を当該財産の利害関係から排除することを伴うものである場合、または(ハ)差押えられた被告の財産に関連するものである場合にのみ採りうる方法である。具体的には、(イ)直接送達する方法、(ロ)召喚状を一般に発行されている新聞に掲載するとともに、同時にその写しを判明している被告の最後の住所に送付する方法、(ハ)フィリピンが締約している国際条約の定めに従う方法、または(ニ)裁判所が十分とみなすその他の方法によって送達される。

　フィリピンで事業を行う外国法人に対する召喚状の送達は、(イ)フィリピン外務省（Department of Foreign Affairs）の援助の下で外国の裁判所を通じて行う直接送達による方法、(ロ)被告所在国の新聞に掲載した上で、判明している被告の最後の所在地宛に書留郵便で送付する方法、(ハ)FAX により送付する方法、(ニ)所定の送付証明を伴う電磁的方法により送付する方法、または(ホ)裁判所の裁量で指示するそのほかの方法によって行う。

(3) 答弁および準備書面の提出等（Answer/Reply/Pleadings and Motions）

　裁判所は、相手方当事者に対し、原則として召喚状送達後 30 日以内[3] に答弁書を提出するよう命じる。フィリピンの民事裁判においては、原告による訴状の提出における請求に対し、被告は答弁書を提出することで、これに反論・防御をすることとなる。それ以降も両当事者の主張は書面により裁判所に提出される。

　被告は、答弁書において、可能な限り、原告の請求を否定する事項および事実を具体的に記載することにより防御しなければならない。具体的に否定していない主張は、当該事実について認めたものとみなされる。また、被告は、答弁書において、相殺の抗弁を含め、主張可能なすべての抗弁を提出しなければならず、答弁書で主張されなかった抗弁等は放棄されたものとみなされる[4]。

　また、答弁書には(イ)証人の氏名および証言の概要、(ロ)証人の宣誓供述書、(ハ)答弁書に記載された主張を裏付ける証拠書類および証拠物を記載する必要がある。なお、訴状同様、正当な理由がある場合を除き、答弁書に記載されていない証人を事後的に追加することはできない点に留意すべきである。

　被告が答弁書を提出しない場合、原告は、裁判所に対して被告の不履行（default）の宣言に関する申立てを行うことができる。当該申立てが認められた場合、裁判所は、その裁量で、原告の請求を認容する欠席判決（Default Judgement）を行うことができる。

---

3)　相手方当事者が外国の法人である場合には 60 日以内。

4)　なお、被告は、(イ)裁判所が管轄権を有していないこと、(ロ)同一当事者間で同一の請求原因に基づく訴訟がすでに係属中であること、または、(ハ)先行する判決や時効により訴えの提起ができないことを理由とする、訴え却下の申立て（Motion to dismiss）を行うことができる。また、裁判所は、主張書面や証拠から、これらの事項が判明した場合、訴えを却下する。

（4） 予審（Pre-trial）

　最後の答弁書が送達・提出された後、裁判所は、その提出から 5 日以内に、予審（Pre-trial）手続の実施[5] に関する通知（予審通知）を発行する。当該予審通知においては、予審および CAM（必要であれば JDR を含む）の日程が指定される。予審手続では、裁判所は、和解や ADR の可能性、争点の整理等を検討し、主張書面に基づく判決（judgement on the pleadings）[6]、略式判決（summary judgment）[7]、訴えの却下等を行うことができる。予審手続は必要的手続であり、予審が完了し、争点が整理された後に、裁判所は、当事者を CAM（事件が最初に付された裁判所の裁判官が、合意がまだ可能であると確信した場合に限り、JDR）へ付託する[8]。なお、CAM および JDR の手続の概要については上記 I. を参照されたい。予審手続が終了したとき、裁判所は 10 日以内に、取り上げられた事項を詳細に記載した予審命令を発出する。当該命令には、認められた事実、トライアルの対象となる法律上および事実上の争点、適用される法律・規則・法理、標示された証拠、場合により主張書面に基づく判決または略式判決を下す旨の声明等が含まれる。

---

5)　最後の答弁書が提出されてから 60 日以内に設定される。

6)　主張書面に基づく判決（judgement on the pleadings）とは、当事者が主張書面において相手方の主張の重要な部分を認めている場合や争っていない場合に、裁判所が、当該相手方の申立てにより、主張書面に基づいて下すことができる判決をいう。

7)　略式判決（summary judgment）は、被告が答弁書を提出した後、損害賠償額を除き、いかなる重要な事実についても真正な争点が存在しないことが明らかな場合に、裁判所が下すことができる判決をいう。

8)　実務上、予審（Pre-trial）、CAM、および JDR のスケジュールによっては、CAM が予審（Pre-trial）に先行して実施されることもある。

（5）トライアル（Trial）

① 概説

トライアル（Trial）手続では、裁判所は、訴訟の当事者間の争点について検討して判断する。スケジュールは、予審命令に記載されており、当事者はこれを遵守する必要がある。

② 証拠調べ

当事者間で争いのある事実については、証拠による立証が行われる。証拠調べは、特別の理由により裁判所が別段の指示をしない限り、予審命令に記載された争点に限定され、まず原告が請求原因事実を裏付ける証拠を提出し、相手方当事者がそれを否定する事実を裏付ける証拠を提出する流れで進行する。民事訴訟手続における証拠には、物的証拠（object evidence）、証拠書類（documentary evidence）および供述証拠（testimonial evidence）が存在し、いずれもトライアルのプロセスにおいて、証拠の提出および証拠調べが行われることになる。証拠は、日本における民事訴訟と同様に、㈠証明予定事実との間に関連性があること、㈡適用ある法令等に基づき当該証拠が排除されていない等証拠としての適格性があること、という２つの要件を満たした場合に適格な証拠として取り扱われる。なお、上記のとおり、証人に関しては、原則として、原告が提出する訴状または被告が提出する答弁書に記載された証人に対してのみ証拠調べが行われ、トライアルの段階での証人の追加は、正当な理由がない限り許されない点に留意すべきである。

フィリピンにおける民事裁判のトライアルは、当事者が法廷に出廷することにより行われることが原則である。もっとも、不可抗力事由や安全上の理由等により裁判所への出頭が困難な場合、フィリピン人である当事者または証人が海外フィリピン労働者（Overseas Filipino Workers）等でフィリピン国外に滞在している場合、非居住外国人が国外からリモートでの出頭を希望する場合等、一定の場合には、ビデオ会議によりトライアルを行うことが認められている。

（6）裁判の終了および判決（Judgment）

① 概要

フィリピン法上、民事裁判は、裁判所の判決のほか、原告による訴えの取下げ[9] によっても終了する。

② 判決

裁判所はトライアルの手続における、両当事者の主張および立証を踏まえ、判決を下す。

(i) 判決の効力

裁判所による判決は、(イ)当事者の契約上または民法上の権利義務、(ロ)契約、法令またはその他の文書における文言の適切な解釈、(ハ)事実の存在、(ニ)法律の原則に関して、法的拘束力を有する判断を示すものとなる。裁判所による判決は、既判力（*res judicata*）を有し、当事者間における終局的な判断として、その効力が及ぶ範囲において後訴が遮断される[10]。

(ii) 判決の執行

フィリピン国内で下された判決は、確定判決を下した裁判所に対して申立てをすることにより執行することができる。上訴がなされ、上訴裁判所の判決が確定した場合、執行の申立は原裁判所に対して行う。

③ 訴えの取下げ

民事裁判手続は、原告による訴えの取下げによっても終了する。原告は、訴状提出後いつでも訴えを取り下げることが可能であり、被告による答弁書の提出前であれば、裁判所の許可も不要である。被告から答弁書が提出され

---

9) トライアルに至る前に CAM または JDR の手続において当事者間で合意が成立した場合には、当該訴えに関する手続は、当該 CAM または JDR によって合意が形成された旨の記述を含む判決により終了することになる。

10) 具体的には、既判力が及ぶ範囲において、改めて民事訴訟手続を提起することは認められず、そのような民事訴訟が提起された場合に、当事者の申立て、または、裁判所の職権により、訴えは却下されることになる。

た後に訴えを取り下げる場合には、訴えの取下げに関して原告は裁判所の許可を求めなければならない。

（7）上訴手続

裁判所による終局判決に対する不服申立ては、原則として、終局判決の通知から 15 日以内に、原裁判所に上訴状を提出するとともに、所定の手数料を支払うことにより行う。

III.　裁判外紛争手続（ADR）について

上記 I に概要を記載したとおり、フィリピンで利用可能な紛争解決手段としては、上記 II で解説した民事訴訟手続（裁判所が関与する CAM および JDR を含む。）に加え、裁判外紛争解決手段である㈠仲裁（Arbitration）、㈡調停（Mediation）、㈢早期中立評価（Early neutral evaluation）、㈣ミニ・トライアル（Mini-trial）、㈤調停−仲裁（Mediation-arbitration）が存在する。これらは、原則として当事者間の合意に基づき実施されるものであり、合意次第では、複数の手続を組み合わせて実施することも可能である。それぞれの手続の概要は図表 13-3 のとおりである。

【図表 13-3　ADR の種類および概要】

手続の種類	概要
仲裁	当事者の合意または 2004 年裁判外紛争解決法の規定に基づき任命された 1 人または複数の仲裁人が、裁定を下すことによって紛争を解決する手続。仲裁人による仲裁判断は法的拘束力を有する[(注)]。
調停	当事者によって選ばれた調停人が、当事者間での意思疎通と交渉を促進し、当事者の自発的な合意形成を支援する手続。
早期中立評価	当事者とその弁護士が予審（Pre-trial）段階で一堂に会し、事案の概要を説明し、そのテーマに精通した経験豊富な専門家である第三者から評価を受けることで、当事者の円満な和解交渉を支援する手続。
ミニ・トライアル	両当事者がそれぞれを代理する委員を任命し、当該委員で構成するパネルの前で当事者が主張を行った後、協議による和解を試みる紛争解決方法。
調停―仲裁	調停が不調となった後、仲裁を行う 2 段階の紛争解決プロセス。仲裁人による仲裁判断は法的拘束力を有する。

（注）　フィリピンは、外国仲裁判断の承認及び執行に関するニューヨーク条約（Convention on the Recognition and Enforcement of Foreign Arbitral Awards）の締約国であるため、同じく締約国である日本、シンガポール等における仲裁判断は、同条約に基づき、フィリピンにおいて執行可能である。

■編者・執筆者

園田　観希央　（そのだ・みきお）（第1章：フィリピン法の概要、第2章：進出方法、第3章：外資規制、第4章：M&Aに関する規制、第5章：会社法、第6章：不動産法制、第10章：競争法、第11章：個人情報法制　担当）

2003年　早稲田大学法学部卒業

2006年　東京大学法科大学院修了

2007年　弁護士登録（森・濱田松本法律事務所入所）

2010年　株式会社東京証券取引所にて勤務（上場部上場会社担当）（～2011年）

2014年　バージニア大学ロースクール修了（LL. M.）

2014年　トルコ共和国イスタンブール市 Hergüner Bilgen Özeke にて執務（～2015年）

2015年　フィリピン大手法律事務所にて執務

2016年　ニューヨーク州弁護士登録

［主な著書・論文］

『アジア新興国の M&A 法制［第3版］』（商事法務2020年、共著）、『アジア不動産法制―不動産・インフラ事業の手引き』（商事法務2018年、共著）、『海外進出企業のための外国公務員贈賄規制ハンドブック［第2版］』（商事法務2024年、共著）、『資本業務提携ハンドブック』（商事法務2020年、共著）、「フィリピン改正会社法の概要と実務上のポイント」（旬刊商事法務2204号（2019）、共著）

井上　淳　（いのうえ・あつし）（第7章：知的財産法、第8章：労働法、第9章：贈収賄、第12章：撤退、第13章：紛争解決制度　担当）

2001年　東京大学法学部第2類卒業

2001年　株式会社国際協力銀行にて勤務（～2004年）

2007年　弁護士登録（森・濱田松本法律事務所入所）

2010 年　金融庁総務企画局市場課にて勤務（金融商品取引法等担当）（〜2011 年）

2012 年　インド共和国デリー市 Trilegal 法律事務所にて執務

2013 年　ノースウェスタン大学ロースクール修了（LL. M.）

2013 年　ブラジル連邦共和国リオデジャネイロ市 Pinheiro Neto Advogados 法律事務所にて執務（〜2014 年）

2014 年　ニューヨーク州弁護士登録

2014 年　森・濱田松本法律事務所（シンガポールオフィス）にて執務（〜2015 年）

2015 年　森・濱田松本法律事務所（ヤンゴンオフィス）にて執務

［主な著書・論文］

『ミャンマー法務最前線［第 2 版］』（商事法務 2017 年、共著）、『アジア新興国の M&A 法制［第 3 版］』（商事法務 2020 年、共著）、『海外進出企業のための外国公務員贈賄規制ハンドブック［第 2 版］』（商事法務 2024 年、編著）、『アジア不動産法制―不動産・インフラ事業の手引き』（商事法務 2018 年、共著）、「フィリピンの個人情報保護に関する動向と日本企業への影響」（ビジネス法務 2024 年）

■執筆者

川村　隆太郎　（かわむら・りゅうたろう）（第 6 章：不動産法制　担当）

2003 年　東京大学法学部第 1 類卒業

2004 年　弁護士登録

2005 年　森・濱田松本法律事務所入所

2010 年　ペンシルベニア大学ロースクール修了（LL. M., Wharton Business and Law Certificate）

2010 年　三菱商事株式会社　法務部へ出向（〜2012 年）

2012 年　ニューヨーク州弁護士登録

2012 年　シンガポール外国法弁護士登録
2018 年　シンガポール法弁護士（FPC）登録
［主な著書・論文］
『アジア不動産法制－不動産・インフラ事業の手引き』（商事法務 2018 年、編著）、『インド不動産法制－理論と実践』（商事法務 2021 年、編著）、『インドネシアビジネス法実務体系』（中央経済社 2020 年、共著、不動産法制の章を担当）、『アジア新興国の M&A 法制〔第 3 版〕』（商事法務 2020 年、共著）

塩崎　耕平　（しおざき・こうへい）（第 10 章：競争法、第 11 章：個人情報法制、第 13 章：紛争解決制度　担当）
2018 年　東京大学法学部第 1 類卒業
2019 年　弁護士登録
2020 年　森・濱田松本法律事務所入所
2023 年　森・濱田松本法律事務所（北京オフィス）にて一般代表として執
　　　　　務（～現在）
［主な著書・論文］
『The Law Review: The Intellectual Property and Antitrust Review 8th Edition - Japan Chapter』（Law Business Research 2023 年、共著）、『条解独禁法〈第 2 版〉』（弘文堂 2022 年、共著）、『対話で学ぶ　知らなきゃ困る　グローバル個人情報保護規制』（会社法務 A2Z で連載中、共著）、『60 分でわかる！改正個人情報保護法　超入門』（技術評論社 2022 年、共著）

工藤　恭平　（くどう・きょうへい）（第 2 章：進出方法、第 9 章：贈収賄　担当）
2020 年　慶応義塾大学法学部法律学科卒業
2022 年　弁護士登録（森・濱田松本法律事務所入所）

齋藤　愛乃　（さいとう・よしの）（第 8 章：労働法　担当）

2020 年　一橋大学法学部卒業

2022 年　弁護士登録（森・濱田松本法律事務所入所）

［主な著書・論文］

「弁護士が精選！重要労働判例－第 371 回　社会福祉法人 A（夜勤時間帯における割増賃金算定の基礎単価）事件」（WEB 労政時報 2023 年）、『Q＆A 越境ワークの法務・労務・税務ガイドブック』（日本法令 2023 年、共著）

福江　真治　（ふくえ・しんじ）（第 4 章：M&A に関する規制、第 13 章：紛争解決制度　担当）

2019 年　早稲田大学法学部卒業

2021 年　東京大学法科大学院修了

2022 年　弁護士登録（森・濱田松本法律事務所入所）

2023 年　東京大学法科大学院　未修者指導講師（～2024 年）

緒方　彰大　（おがた・しょうた）（第 2 章：進出方法、第 12 章：撤退　担当）

2022 年　早稲田大学法学部卒業

2023 年　弁護士登録（森・濱田松本法律事務所入所）

髙久保　香子　（たかくぼ・きょうこ）（第 7 章：知的財産法　担当）

2020 年　早稲田大学法学部卒業

2022 年　早稲田大学大学院法務研究科修了

2023 年　弁護士登録（森・濱田松本法律事務所入所）

フィリピンのビジネス法務
——実務担当者のためのガイドブック

2024 年 11 月 8 日　初版第 1 刷発行

編 著 者	園　田　観希央
	井　上　　淳
発 行 者	石　川　雅　規

発 行 所　株式会社 商 事 法 務

〒103-0027 東京都中央区日本橋 3-6-2
TEL 03-6262-6756・FAX 03-6262-6804〔営業〕
TEL 03-6262-6769〔編集〕
https://www.shojihomu.co.jp/